人民代表 申纪兰

RENMIN DAIBIAO
SHENJILAN

沈泽江　编著

中国农业出版社
北　京

图书在版编目（CIP）数据

人民代表申纪兰 / 沈泽江编著. —北京：中国农业出版社，2020.5
ISBN 978-7-109-26764-0

Ⅰ.①人… Ⅱ.①沈… Ⅲ.①申纪兰－人物研究
Ⅳ.①K828.1

中国版本图书馆CIP数据核字（2020）第055951号

中国农业出版社出版
地址：北京市朝阳区麦子店街18号楼
邮编：100125
出 版 人：陈邦勋
策　　划：刘爱芳
责任编辑：刁乾超　任红伟　陈　亭　文字编辑：赵冬博
版式设计：李向向　责任校对：吴丽婷
印刷：北京缤索印刷有限公司
版次：2020年5月第1版
印次：2020年5月北京第1次印刷
发行：新华书店北京发行所
开本：700mm × 1000mm　1/16
印张：11.25
字数：180千字
定价：66.00元

她是八位国家最高荣誉勋章“共和国勋章”获得者之一，是全国唯一的第一届至第十三届全国人大代表，是“100位新中国成立以来感动中国人物”之一。她倡导并推动“男女同工同酬”写入宪法，六次当选全国劳动模范，她就是全国优秀共产党员、人民代表——申纪兰。

作者序

让社会能传承纪兰精神，让基层干部能接力纪兰事业是我编著此书的目的……

当我们在浓墨般的黑夜里行走时，内心期盼的是什么？

是一丝亮光！

当我们在寒冬腊月瑟瑟发抖时，内心又期盼的是什么？

是和煦的阳光！

这也许是生活中的物理感受——人的成长过程，同样会经历“寒冬时期”与“暗夜时刻”，这些时候，我们会很迫切需要“亮光”与“阳光”。这个“亮光”与“阳光”始终会落在具有信念的奋斗者身上，他们的人生一定是非凡的、伟大的。

申纪兰大姐就是这样的人！

知道纪兰大姐的，一定能够如数家珍般地道出：她是全国劳动模范、全国优秀共产党员，第一届至第十三届全国人大代表，是农村男女同工同酬理念提出者，曾参加过世界妇女代表大会，担任过山西省妇联主任等。实际上在她身上有一个核心的标签——农村基层干部，她自始至终没有离开过农村，一直担负着山西平顺县西沟村村干部的角色，即便如今已逾90岁高龄，她仍是西沟村的党总支副书记。

2019年9月29日，在全国人民欢庆祖国70周年华诞之际，在人民大会堂，国家主席习近平为申纪兰颁发“共和国勋章”，这份荣誉无比崇高，真为纪兰大姐高兴！一个多月后，我来到西沟村，看望纪兰大姐，并为其送上祝福。

这是我第几次到西沟，又是第几次见到纪兰大姐？粗略算来，到西沟不下10余次，见到纪兰大姐不下20余次。

1998年春天，我转行做国内村庄发展研究工作，为让自己对农村有直观了解，我开始了村庄调研之行，计划把祖国东南西北各地的不同区域村庄都走遍。就这样，我于2001年来到山西省平顺县，从当地干部那里第一次听到了申纪兰大姐的名字。我迫不及待地赶到了西沟，见到了纪兰大姐。她外表普通，却又透着一股难得的“精气神”，认真干练，我无形中就被她所吸引。在参观西沟展览馆时，看到墙上挂满了她与各个时期党和国家领导人的合影，这是一个多么神奇而又传奇的人啊！

2002年全国“两会”期间，我赶到参会的山西代表团驻地，第二次见到纪兰大姐。大姐正在学习政府工作报告，她所谈所想都是“两会”的内容，这时的纪兰大姐，给人的感觉不单纯是农村妇女的形象，她充满着问政议政代表的风采。

2003年，我第二次来到西沟村，看望纪兰大姐。她领着我去看她曾经带领乡亲们栽的树，2万多亩*，漫山遍野，青翠如画。这让我很震撼，我常想，人这辈子，工作数十年，对其价值最好的注解是什么？眼前的2万多亩树林，有比这个更能体现出一个人的人生价值的吗？ 没有！

就这样，一年又一年，一次又一次，我与纪兰大姐不时相见，对大姐的敬佩愈加深厚。

纪兰大姐是一个非常纯粹的人。她眼里没有金钱，人生没有物欲。

* 亩为非法定计量单位，1亩≈666.67平方米。——编者注

她一日三餐很简单，最喜欢的还是当地的面食。她不像一般人一样追求生活的享受，普通的房屋，普通的家具，普通的生活用品对她来说就足够了。她衣着简单，除了特殊场合穿起西服，她平时都穿着便服。像她这样，本能够享受省（部）级干部的待遇标准，但她不讲究排场，生活过得简单极致。

纪兰大姐是一个无私奉献的人。她关心平顺、长治、太行山区的发展，不计名利地四处奔波。纪兰大姐没上过学，却认定了读书学习的重要性，她愿意帮助那些肯上学进步的贫困孩子。她专门成立“申纪兰教育基金”，扶助贫困学生。为了这些贫困学生，她放下架子，向别人寻求帮助。纪兰大姐把自己的不多收入贴在基金里，乐此不疲地忙碌着，将自己的爱播撒在脚下一方土地。

纪兰大姐是一个踏实做事的人。多年来，她扎根泥土，辛苦劳动；四处招商引资，办起一个个厂子；成立合作社，领着乡亲们致富。纪兰大姐不单单懂得劳动，她的眼光还看得远。她很早就知道要治理荒山，绿化家园。“一个人出生地不能选择，却能改变提升她，让她变美。”她带领乡亲们在荒山植树，为太行山营造出一片绿。近年来生态保护观念不断为人们所认识，殊不知纪兰大姐早已经践行。

纪兰大姐对党忠诚，永远跟党走。为了掌握党的文件精神，她自学认字，阅读报纸，观看《新闻联播》，一笔笔抄写中央文件。我去年去西沟看她时，她正在学习文件，一点点记笔记。纪兰大姐文化水平不高，但谈起中央的文件精神却都在点上。这种认真学习的精神对年轻人绝对是一种激励，是一个榜样。与纪兰大姐交往20年的点点滴滴都给我留下了深刻印象。

在我看来，纪兰大姐的人生就像黑夜里的那丝光，能够给彷徨无所从的人照明路途。在这个世上，什么样的人才能留下自己的印迹，被人们所记住？是爬到高高的位置，挣得成堆财富的人吗？都不是，只能是那种看着普通，却能如灯塔般给别人以光亮，让别人走出黑暗的人。纪兰大姐就是寒冬里的和煦阳光，能够给更多的人带来人生温暖，如同《钢铁是怎样炼成的》里的保尔·柯察金，曾引导着众人战胜困难前行。

纪兰大姐就是初春时节那燎原的星火，点燃人们建设社会主义新农村的激情。一次次被评为劳动模范，一次次获得优秀表彰，直到获得“共和国勋章”，纪兰大姐向我们展示着劳动者的光荣。纪兰大姐是新中国新时代劳动者的杰出代表，颁给她的荣誉是社会向农村向基层的聚焦，是党和国家向劳动者、耕耘者和奋斗者的致敬。我们社会主义建设的伟大事业和“中国梦”的实现离不开纪兰大姐这样的劳动者、耕耘者和奋斗者，在纪兰大姐这样的楷模带领下，盛世中国画卷正在展现。

纪兰大姐就是一位暖心的大姐，呵护着我们，引领着我们。她因为纯粹，所以干净；因为忠诚，所以有力；因为无私，所以无畏；因为奉献，所以高尚。从她的身上，我们可以汲取力量，提升自己，丰富自己。申纪兰大姐是当之无愧的人民代表！

写作《人民代表申纪兰》一书，希望送给我们的基层干部一个标杆，希望大家都能像纪兰大姐那样，对党和人民忠诚无私、崇高无畏，让纪兰精神能够永久传承！

希望纪兰大姐所倡导的培养下一代的“教育基金”能够接力发展下去！

我真诚希望纪兰大姐健康长寿！

2020年元月

前 言

忠诚是她的人生底色

——记“共和国勋章”获得者申纪兰

干净利落的齐耳短发，整洁的白衬衣，一双黑布鞋，这是申纪兰一贯的打扮。从外表看，年过九旬的申纪兰和普通的山西农村妇女一样，满手老茧，脸上布满皱纹；待人亲切自然，又似是邻家老奶奶一般。90多岁的申纪兰，是太行山上一株永不褪色的青松。

忠于党、忠于人民、忠于祖国，这是申纪兰坚守一生的品格。

申纪兰，1929年出生，1953年入党。历任山西省平顺县西沟初级农业生产合作社副社长，西沟金星人民公社副主任、副书记，中共平顺县委副书记，全国妇联执行委员，山西省妇联主任，长治市人大常委会副主任。现任平顺县西沟村党总支副书记、西沟金星经济合作社社长。

2019年9月29日，在人民大会堂举行的中华人民共和国国家勋章和国家荣誉称号颁授仪式上，中共中央总书记、国家主席、中央军委主席习近平将国家最高荣誉“共和国勋章”挂在了申纪兰的胸前。沉甸甸的勋章，映照着她初心不改的模样。

“上台领奖的时候我沿路走，眼泪止不住地流出来，习近平总书记亲自给我把勋章戴上，还和我握手表示祝贺，我心里头热乎乎的！没有想到党和人民给了我这么高的荣誉，我非常感动！”申纪兰说，“我是代表亿万农民光荣地领了这个奖，没有共产党、没有社会主义，我就领不到这个奖。‘十一’那天，我还登上天安门城楼参加国庆阅兵观礼活动，参加晚上天安门广场的国庆联欢活动，亲身感受了国家的强大，真是越瞧越高兴啊！我要永远听党话、跟党走，继续跟群众战斗在一起，胜利在一起，奔向小康，实现中国梦。”

勋章背后的申纪兰是个什么样的人呢？

对这个问题，无论是新闻媒体还是普通大众，各有各的看法和观点。有人说她是个名人，有人说她是劳动模范专业户，有人说她是人大代表，也有人说她是政府官员。以上这些对申纪兰来说，仅仅是荣誉和职务。

其实，申纪兰对自己有明确的定位：农民。

是的，申纪兰就是一个普普通通的农民，她把土地和劳动看得十分重要，她一生就爱劳动，90岁高龄仍不忘下地劳动；申纪兰是一个普普通通的农村妇女，她进东家出西家，和村里的妇女盘腿坐炕上拉家常，她吃饭时，掉在桌子上的一颗米粒，都要捡起来吃了；申纪兰是一名普普通通的农村干部，她和其他村干部一样开会、学习，一样争论、探讨，一样为老百姓办实事；申纪兰是一个普普通通的共产党员，从一个小姑娘成长为坚定的老劳模，申纪兰一直在发挥着党员的先锋模范作用。

这就是申纪兰！

一个最普通的农民，因为普通，她总是怀抱忠诚与平常心，才让她的坚守更纯粹。

“忠也者，一其心之谓也。”自始至终，为了正义事业无条件地付出自己的一切，竭尽全力，肝脑涂地，使命必达。忠诚就是申纪兰的人生底色。忠诚和纯粹，让申纪兰有着非同常人的人生经历。

第一，申纪兰有着不一般的荣誉。

据西沟村党总支书记郭雪岗统计，申纪兰是中华人民共和国成立后，受到党中央、国务院名义表彰和奖励最多、最全的人物，没有之一。除了最高荣誉“共和国勋章”外，申纪兰分别于1956年、1979年、1989年、1995年4次当选全国劳动模范，2次当选特邀全国劳动模范。她是全国青年建设社会主义积极分子、全国烈军属模范、全国优秀共产党员、全国道德模范、全国“双百人物”之一、全国脱贫攻坚奖获得者……

第二，申纪兰是全国人民代表大会制度的见证者和参与者。

从1954年9月，申纪兰当选第一届全国人民代表大会代表，到2018年2月24日当选第十三届全国人民代表大会代表，到现在，她当了整整66年全国人大代表，亲历了我国人民代表大会制度不断完善的发展历程，是我国人民代表大会制度的见证者和参与者，被国际友人称为资格最老的“国会议员”。

第三，申纪兰有着非同寻常的国际地位。

1953年，申纪兰当选为世界妇女大会代表，出席了在丹麦首都哥本哈根举行的争取妇女权利及世界和平世界妇女大会。中国妇女代表团的代表中有工人、知识分子、科学家，而24岁的申纪兰是唯一的农民代表。这是中华人民共和国成立以来，第一个正式的中国妇女代表团在国际舞台上亮相，其意义非同寻常。这次代表大会之后，申纪兰又随中国妇女代表团访问了苏联、波兰、越南、朝鲜、德意志民主共和国等社会主义国家，受到斯大林、胡志明、金日成等领导人的亲切接见。苏联青年女英雄卓娅的母亲给她写来了热情洋溢的信，夸她像卓娅一样勇敢、坚韧，是卓娅一样的妇女英雄。1995年9月在北京召开了第四次世界妇女代表大会，申纪兰作为中国农民妇女代表，出席了世界妇女代表大会。

第四，申纪兰有着非同寻常的红色经历。

在过去的60多年里，她曾先后13次见到过毛泽东、周恩来等国家领导人，周恩来还在西花厅宴请过她，邓小平同志称赞过她，江泽民同志称她“凤毛麟角”，胡锦涛同志叫她“申大姐”。

2009年5月25日，习近平同志在西沟视察时指出：“西沟60多年的发展，是社会主义革命、建设和改革开放的缩影，特别是李顺达、申纪兰的劳模精神，需要好好总结和发扬。”在看望申纪兰时，习近平留下了“纪兰精神代代相传”的励志金句。

60多年风雨历程，申纪兰做到了始终如一。2002年2月28日，中共平顺县委作出《进一步掀起学习申纪兰活动新高潮的决定》，其中就提到了申纪兰的十个“始终如一”：坚持马列主义、毛泽东思想、邓小平理论始终如一；爱党爱国始终如一；坚持社会主义始终如一；坚持党的优良作风始终如一；为人民服务始终如一；艰苦奋斗始终如一；淡朴无华始终如一；严于律己始终如一；落实责任始终如一；调整结构始终如一。

回顾自己的难忘经历，申纪兰感慨万千：“从1949年到现在，70多年了，共产党领导这么大一个国家发展到现在这个样子不容易。我坚信，只有相信共产党，拥护共产党，中国才能走向繁荣富强！”

目录

第三部分 / 纪兰趣事

第四部分 / 众说纪兰

PART 1

第一部分

纪兰印象

第一章　农民代言人

申纪兰，女，汉族，1929年12月生，山西平顺人，现任平顺县西沟村党总支副书记。2019年9月17日，申纪兰被授予“共和国勋章”。这是中华人民共和国的最高荣誉勋章，全国仅有8人获此殊荣。20世纪50年代，申纪兰在西沟村率先通过男女劳动竞赛方式，为西沟妇女争取了男女同工同酬的权利，成为争取妇女劳动权益的代表人物。1954年，申纪兰当选为第一届全国人民代表大会代表，自此以后，申纪兰开启了人民代表的漫长历程，成为新中国唯一一位连任十三届的全国人大代表。60多年来，申纪兰获得了很多荣誉，她却始终坚守为人民服务的初心，如太行山上一株永不褪色的青松。或许只有“冰心玉壶”才能贴切表达申纪兰对党和人民的忠诚。

申纪兰的退休生活很简单。每天她会早早起床，吃过早饭，去办公室看报，抄录文件，学习中央精神，偶尔也会出去走走。2019年，玉米丰收的一个下午，西沟村某村民一家人正在地里收玉米，他们顶着太阳的暴晒，将玉米棒子从秸秆上掰下来，去皮，凑成一堆，等待最后装袋运走。申纪兰看到了，跃跃欲试，她不顾身体年迈，下地去帮村民掰玉米。尽管她步履不如年轻时铿锵稳健，掰棒子、去皮却十分利索。

“西沟妇女真是行，赛过宋朝穆桂英，事事不离场场到，每次战斗打得好！”这是20世纪50年代，申纪兰带领妇女争取男女同工同酬时，西沟集体为她们创作的情意融融的顺口溜。这么多年过去了，90多岁的申纪兰，早已脱离了生产劳动，但她却十分怀念那份在阳光下流汗的自在和疲累，想念那激情燃烧的青春岁月。农民这个身份，是她立足于世的依仗。她一辈子都在做一个踏实勤劳的农民，甚至以农民身份为傲。

我国有几千年的农耕历史，其中，农民一直扮演着非常重要的角色。他们日出而作，日落而息，跟随四季的变化，春种秋收冬藏；他们坐卧行走，无不跟随时令节气的脚步。农民，是同自然最同步、最亲近的职业。

申纪兰生在农村，长在农村。她的父亲是一名走乡串户的郎中，她却没能继承父亲衣钵，专心地在泥土里刨食，甘愿做一个面朝黄土背朝天的农民。

身为农民，她懂得土地的珍贵，也更懂得农民的艰辛。

“中国人这样多，土地可是命根子。没有地种庄稼，大家吃甚？”面临农村耕地减少的问题，2004年，第十届全国人民代表大会第二次会议召开，申纪兰递交了关于保护土地的议案。这个议案，连国家土地局都给予了答复。

申纪兰关心耕地，更关心农民的生存现状。很多农民慕名找上她，这让申纪兰意识到，她这个人大代表肩上沉甸甸的责任。

很多人从大老远的地方跑来西沟，找申纪兰反映问题，其中最多的就是土地问题和司法问题。申纪兰就问他们，你们不会找你们当地的人大代表呀？他们就说，我们找不到呀，就你最好找，到了西沟，一下就找到了。

申纪兰想着这些人大老远跑来，只得接下他们的材料。没办法替他们解决的，她就等着有机会把材料转交给有关部门。有一次，有三个外地妇女找申纪兰申冤，一来就跪在地上，申纪兰赶快把她们扶起来：“你们不要跪，站起来说话，咱共产党不兴这个哩。你们可以把材料留下，我一定帮你们反映。”随后，申纪兰安排她们吃饭，在村里住下。吕梁山区有一位妇女，丈夫吃了冤枉官司，告状无门，在电视上看到申纪兰和山西省领导开会的镜头后，坐了两天车找上门来。申纪兰知道这人也是实在没办法，不仅招待这位妇女吃喝，还给了她一些钱当路费。

找申纪兰的人，大都是从电视、报纸等媒体知道的申纪兰，都希望这个农民代表能帮他们说上话。由此，申纪兰明白：人民代表，是一条反映问题的渠道。作为人民代表的申纪兰，是要做人民尤其是农民的代言人，想农民之所想，急农民之所急。

“共和国勋章”获得者申纪兰

申纪兰全国人大代表历程

1954—1959年
第一届全国人大会议

1959—1964年
第二届全国人大会议

1964—1975年
第三届全国人大会议

1975—1978年
第四届全国人大会议

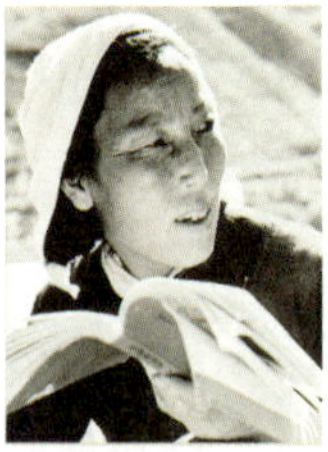

1978—1983年
第五届全国人大会议

1983—1988年
第六届全国人大会议

1988—1993年
第七届全国人大会议

1993—1998年
第八届全国人大会议

1998—2003年
第九届全国人大会议

2003—2008年
第十届全国人大会议

2008—2013年
第十一届全国人大会议

2013—2018年
第十二届全国人大会议

2018年—
第十三届全国人大会议

申纪兰劳动模范历程

1952年
全国农业劳动模范

1955年
第一次全国青年社会主义建设积极分子

1959年
全国烈军属和残废、复原、退伍、转业军人建设社会主义积极分子

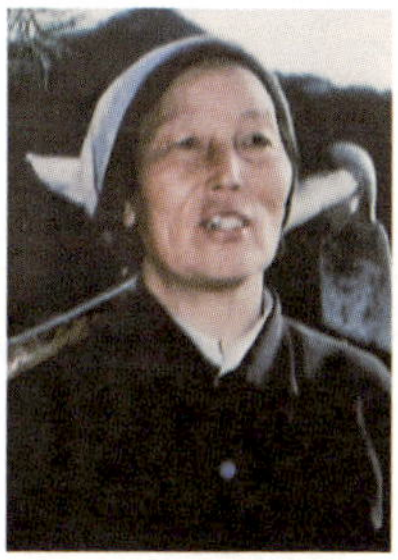

1979年
全国劳动模范

1989年
全国劳动模范

1995年
全国劳动模范

2007年
全国道德模范——敬业奉献模范

2009年
新中国成立以来最具影响力的劳动模范

2010年
特邀全国劳动模范

2015年
特邀全国劳动模范

不忘劳动，永远是农民

人代会期间，申纪兰学习政府工作报告

申纪兰、吴仁宝、郭凤莲在全国“村长”论坛上合影留念

第二章　名村说纪兰

申纪兰是农村领域中独一无二的存在，早在20世纪50年代，她和西沟村就声名远播。西沟村是农业互助合作时期的典型代表，申纪兰既是妇女劳动权益的倡导者，也是享誉全国的劳动模范。60多年过去了，申纪兰成为农村领域不可替代的旗帜和标杆，她的忠诚与担当，激励着一代又一代的农民披荆斩棘，勇往直前。

改革开放以来，经过40多年的发展，农村地区发生了翻天覆地的变化，涌现了一批批走在时代前沿的名村。这些村庄，或抓住了乡镇企业的发展机遇期，在市场经济的浪潮中挺立潮头，或是大胆改革创新乡村治理体系，走出了一条独具特色的村庄发展之路。

无论时代怎么发展，申纪兰在广大农民心中的地位，始终是独一无二的。如果说要向申纪兰表达崇敬之情，没有比优秀传统文化精髓中的赞美之词更贴切的了。30个优秀名村代表，悉心从优秀文化中选取了最能表达自己心意的古言古句作赠言，并留下宝贵的村庄印章，用这样一种特殊方式，向申纪兰表达崇高敬意。

在30个村庄赠言和印章中，首先是中国十大名村[*]：江苏华西村、安徽小岗村、山西大寨村、河南南街村、北京韩村河村、上海九星村、浙江花园村、江西进顺村、浙江滕头村、云南福保村。其次是10个具有影响力的村庄及其

---

* 指在2005年第五届全国“村长”论坛上的评选结果，沿用至今。——编者注

村党组织书记，即浙江航民村及其村党委书记朱重庆、北京果园村及其村原党委书记陈重才、山西龙门村及其村党委书记原贵生、陕西和平村及其村党委书记白世峰、山东三元朱村及其村党支部书记王乐义、江苏永联村及其村原党委书记吴栋材、福建西安村及其村党委书记章联生、江苏蒋巷村及其村党委书记常德盛、河北周台子村及其村党委书记范振喜、四川宝山村及其村原党委书记贾正方等的赠言和印章。

紧接着是北京郑各庄村、山西皇城村、山西振兴村、陕西东岭村、河南京华村、浙江方林村、江苏长江村、上海杨王村、江苏东唐村、辽宁四家村10个颇具特色的村庄的赠言和印章。

这些村庄在农村发展历史上各有独特的成就。华西村素有“天下第一村”之美誉。在已故老书记吴仁宝的带领下，华西村紧抓时代脉搏，“70年代造田、80年代造厂、90年代造城、新世纪育人”，建成了“天下第一村”，书写了追求共同富裕的篇章。如今，在吴协恩的带领下正在构画一个新的“华西梦”，把华西建设成一个“农村都市”，既要有都市品质，又不失农村特色，最终把华西村建设成为百年企业和百年村庄！

安徽小岗村是中国农村改革发源地，是沈浩精神起源地、中国乡村红色遗产名村、全国干部教育培训基地。40年前的冬天，小岗村18位农民以“托孤”的方式，在土地承包责任书上按下鲜红手印，实施了“大包干”，改变了中国农村发展史，掀开了中国改革开放的序幕。习近平总书记曾感慨道：“当年贴着身家性命干的事，变成中国改革的一声惊雷，成为中国改革的标志。”

山西大寨村是“农业学大寨”精神的发源地，在改革开放以来，弘扬艰苦奋斗的新大寨精神，走市场经济发展道路。如今的大寨，层层梯田庄稼葱绿，池水波光旖旎，人造森林郁郁葱葱，处处果园硕果累累，成为一个成熟的农业旅游区。

河南南街村是集体主义经济的代名词，著名红色旅游景点之一，获得了“全国先进基层党组织”“全国模范村民委员会”“全国文明村”“国家级生态村”“全国优秀乡镇企业”等殊荣。

北京韩村河村曾演绎了农民建筑行业的“拼搏”精神，他们最初由一支放下锄头、拿起瓦刀的农民组成的“泥腿子”建筑队，变成了国家特级资质的大型建筑企业集团。在带领村民富裕之后，率先立下了“不做首富人，大家共同致富”的规矩，朝着共建共享共赢的目标迈进。

上海九星村素有“中国市场第一村”之称，创造村级市场发展的传奇。如今，九星村全面启动旧村改造，改造后的新九星村将强势崛起，成为上海国际贸易中心的重要平台和突破口，成为中国乃至亚太地区国际级建材家居贸易的重要基地。

浙江花园村是农民闯荡市场经济，激发村庄资源和活力的典范，有“浙江第一村”之称，这里的维生素D_3，问鼎世界；这里的红木家具，天下第一。2016年，花园村村民人均年收入达16万元，为中国美丽乡村建设打造了共富样板。

江西进顺村是创新乡村治理的典范，曾创造了江西省的数个第一。该村经过“盘活资产打基础、以地换地拓空间、招商引资谋发展”3个阶段，经济大发展，全村生活大变样。进顺村党委被授予“全国先进基层党组织”，进顺村先后获得“全国文明村”“中国十佳小康村”等多项国家级荣誉称号。

浙江滕头村是秉持生态绿色发展理念的典范。滕头人始终相信环境也是生产力，抱定“既要金山银山，更要绿水青山”的宗旨，获得了“全球生态500佳”“全国文明村”“全国先进基层党组织”等70多项荣誉。2010年，滕头村成功入选上海世博会“城市最佳实践区”参展案例，成为全球唯一入选此项目的乡村。

云南福保村有“云南第一村”之美誉，该村大力发扬艰苦奋斗、开拓创新的拼搏精神，逐步由一个偏僻贫困的小渔村发展成为环境优美、集体经济实力雄厚、村民生活幸福的现代新村。福保村相继获得“全国文明村镇”“全国创建文明村镇工作先进单位”“中国十佳小康村”“中国民俗文化村”等多项荣誉称号。

其他20个村庄也各具特色，限于文章篇幅，这里不再赘言。总之，这30个村庄是我国广大村庄的代表，共同向农民的代表、“共和国勋章”获得者申纪兰致敬，并联合号召广大农村基层干部学习领会纪兰精神，接续传承纪兰事业。

要幸福就要奋斗，不奋斗就没有幸福，我们山上这些树，要不奋斗哪能长起来。奋斗就是胜利，奋斗就是幸福，奋斗就是小康。

——申纪兰

江苏华西村赠言

桃李不言，下自成蹊

语出西汉·司马迁《史记·李将军列传论》，『谚曰：「桃李不言，下自成蹊。」此言虽小，可以谕大也。』司马迁为汉代将军李广立传时如此称赞。比喻为人品德高尚、诚实、正直，用不着自我宣传，就自然受到人们的尊重和敬仰。

克勤于邦，克俭于家

语出《尚书·大禹谟》，意为能够辛勤地为国家效力，能够节俭持家。

山西大寨村赠言

浙江花园村赠言

内外相应，言行相称

语出《韩非子·解老》，意为内部和外部相互对应，言行一致。

敏于事而慎于言

语出《论语·学而》，寓意做事勤快敏捷，说话谨慎。

上海九星村赠言

江西进顺村赠言

斯是陋室，惟吾德馨

语出唐·刘禹锡之《陋室铭》，意为虽是一间简陋的居室，但住的人的高尚情操使它不简陋。

一片冰心在玉壶

语出唐·王昌龄《芙蓉楼送辛渐》诗『洛阳亲友如相问，一片冰心在玉壶』，寓意人的心就像盛在玉壶的冰那样洁白透明，清廉正直。

安徽小岗村赠言

浙江滕头村赠言

老吾老以及人之老，幼吾幼以及人之幼

语出《孟子·梁惠王上》，意为推己及人，把天下所有的老人和孩子都当成自己的亲人，这就是仁道。

鞠躬尽瘁，死而后已

语出蜀汉·诸葛亮的《后出师表》，意为勤勤恳恳，竭尽心力。

河南南街村赠言

北京韩村河赠言

天下兴亡，匹夫有责

最早出现在明末清初顾炎武《日知录·正始》中，原句是：『保国者，其君其臣肉食者谋之；保天下者，匹夫之贱与有责焉耳矣。』以八字成文的语型出自于梁启超，意为国家的兴盛是每一个人义不容辞的责任。

岁寒，然后知松柏之后凋也

语出《论语·子罕》，岁寒，是每年天气最寒冷的时候。其他植物多都凋零，只有松柏挺拔、不落。赞美人有坚韧的力量，耐得住困苦。

云南福保村赠言

浙江航民村、朱重庆赠言

穷当益坚，老当益壮

语出《后汉书·马援传》，意为处境越穷困，意志应当越坚强。老年人越是年长，精神应当越壮豪。

不戚戚于贫贱，不汲汲于富贵

语出晋·陶渊明《五柳先生传》，意为不为贫贱而忧虑悲伤，不为富贵而匆忙追求，表达不慕名利、乐于清贫的人生志趣。

北京果园村、陈重才赠言

山西龙门村、原贵生赠言

不宝金玉，而忠信以为宝

语出《礼记》，意为不将金银玉帛视为宝贝，而是将忠信视为最宝贵的，诚信一诺千金。

陕西和平村、白世峰赠言

先天下之忧而忧，后天下之乐而乐

语出宋·范仲淹《岳阳楼记》，意为把国家、民族的利益摆在首位，为祖国的前途、命运分愁担忧，为天底下的人民幸福出力，先国后己、先人后己的胸襟胆魄。

山东三元朱村、王乐义赠言

丈夫一言许人，千金不易

语出宋·司马光《资治通鉴》，意为答应人一件事，即守信重诺，即使给千金也不会更改。

甘露时雨，不私一物

语出《吕氏春秋》，意为甘霖雨露对天下万物都是公平的，它不因偏爱而独降于某一物上。赞美人做事是出于公心，不偏私。

江苏永联村、吴栋材赠言

福建西安村、章联生赠言

与善人居，如入芝兰之室，久而不闻其香

语出《孔子家语·六本》，意为与品行优良的人交往，就好像进入了摆满香草的房间，久而久之闻不到香草的香味了，这是因为它和香味融为一体了。

谋道不谋食，忧道不忧贫

语出《论语·卫灵公》，意为以天下国家为己任的人，只忧道之不行，不考虑生活的问题，比如耕种田地，只问耕耘不问收获。

江苏蒋巷村、常德盛赠言

河北周台子村、范振喜赠言

生挺凌云节，飘摇仍自持

语出清末民初康有为《题吾友梁铁君侠者画竹》，意为有凌云一般的气节，哪怕命运坎坷飘摇仍然能坚定信念不改变。

四川宝山村、贾正方赠言

曾与蒿藜同雨露，终随松柏到冰霜

语出宋·王安石《与舍弟华藏院忞君亭咏竹》诗，意为竹子曾与蒿草、蒺藜同受雨露的滋润，最终则伴随松柏傲然挺立于结冰凝霜的寒冬。赞颂申纪兰有竹的品性。

北京郑各庄村赠言

自胜谓之强

语出《韩非子·喻老》，意为能够战胜自己的人才是强者。

先行其言而后从之

语出《论语·为政》，意为对于要说的话，先实行了，然后说出来。

山西皇城村赠言

山西振兴村赠言

千人之诺诺，不如一士之谔谔

语出《史记·商君列传》，意为众多唯唯诺诺之人，不如一名诤谏之士可贵。

君子求诸己

语出《论语·卫灵公》，意为有君子品行的人，遇到问题先从自身找原因，赞美人有担当精神。

陕西东岭村赠言

河南京华村赠言

得不为喜，去不为恨

语出《史记·日者列传》，意为得到了并不过分欢喜，丢弃了也不觉得遗憾。

穷不失义，达不离道言

语出《孟子·尽心章句上》，意为人在困境不丧失道德的标准，而发达的时候也不背弃自己做人的原则。

浙江方林村赠言

江苏长江村赠言

筚路蓝缕，以启山林

语出《左传·宣公十二年》，意为驾着简陋的车，穿着破烂的衣服去开辟山林。这是《左传》中记述的古楚先民的创业过程，形容开创事业的艰苦与伟大。

口言之，身必行之

语出《墨子·公孟》，意为嘴上说的，一定要做到。

上海杨王村赠言

江苏东晋村赠言

不诱于誉，不恐于诽，率道而行，端然正己

语出《荀子·非十二子》，意为不被虚名所获，不因为诽谤而惧怕，只按心中的道义行事，并随时使自己保持道义上的端正。这便是人生至高的一种境界——淡泊。

不为燥湿轻重，不为穷达易节

语出《后汉书·列传》，意为不因为心情的激动或冷静而失了轻重，不因为穷困或富裕而失了节气。

辽宁四家村赠言

第三章　纪兰名句

火车跑得快，全靠车头带；西沟要发展，关键是党员。

天大地大没有党的恩情大，千好万好没有社会主义好。

忘了共产党，就是忘了本；忘了社会主义，就是没良心。

共产党让咱穷人翻了身，社会主义西沟才建成新农村。

党叫干的，群众拥护的，咱积极照办；党不叫干的，群众反对的，咱坚决不办。

金钱就像水一样，缺了它，会渴死；贪图他，会淹死。

为人民服务，有一百个理由；为自己盘算，没有任何借口。

干部必须先干一步，领导必须走在前头，要吃苦在前，享受在后。

不怕有错，就怕不改，错了就改，改了就好。

当干部：一个是不谋私，一个是能吃苦。当领导：叫别人做甚，自己首先必须会甚。

喊破嗓子，不如做出样子，说到做不到，惹得群众鼻子笑。

要想比人强，就得比人忙；要想过得比人好，就得比人起得早。

私心重不是好干部，怕惹人不能当干部。

苦熬没有出路，奋斗才有希望。

不是西沟离不开我，是我离不开西沟。

不转户口，不定级别，不拿工资，不要住房，不调工作关系，不脱离农村。

PART 2

第二部分

纪兰风范

第四章　启蒙与信念

> 听党的话，跟党走，把西沟建设成社会主义新农村，这就是我一生的信念。
>
> ——摘自《忠诚：申纪兰60年工作笔记》

90余岁的申纪兰，经历过战乱年代，见证了新中国一步步走到今天的每一个关键历程。自1953年加入中国共产党至今，她已经是一名有着67年党龄的老共产党员了。从一名懵懂的农村女孩，成长为妇女权益的守护者；从一名热爱劳动的农民，成长为坚定的共产党员，在申纪兰漫长的人生经历中，红色平顺是她的成长摇篮，李顺达是她的领路人，信念是她的寄托，劳动是她的终身依仗。

一、启蒙——红色西沟

平顺县是革命老区，抗日战争时期，平顺是共产党领导的太南根据地的腹地。位于平顺的西沟村，是坐落在太行山间的一个普通村落，却在很长一段时间内成为全国关注的对象：它是平顺县第一个秘密党支部成立的地方，诞生了全国第一个农业生产互助组织；它是最早在全国提出开展爱国丰产竞赛运动的村庄，是中国农村最早开展合作化运动的典范，曾被誉为中国农村探索社会主义道路的先行者。

（一）劳动是立身之本

1934年，5岁的申纪兰随母亲来到平顺县山南底村。在距离山南底村10公里外的西沟村，正酝酿着引领边区农村发展方向的“风暴”。

1938年4月，平顺县第一个基层秘密党组织——中共池底党支部成立。同年7月，西沟村的李顺达等6位农民秘密加入了中国共产党，他们的公开身份是农民抗日救国会会员，李顺达是农救会小组长。1938年10月，西沟村成立了党支部，李顺达担任党支部书记。

1943年2月6日，为了响应党组织和毛泽东主席关于“组织起来，生产度荒”的号召，李顺达与宋金山、路文全、王周则、桑运河、李达才6户农民商议决定成立互助组，这是抗日战争时期全国成立的第一个农业生产互助组织，名为李顺达互助组。它比毛泽东主席1943年11月29日在中共中央招待陕甘宁边区劳动英雄大会上所做的《组织起来》的重要讲话足足早了9个月。

李顺达互助组

这时的申纪兰已是14岁的大姑娘，她手脚勤快，继承了父辈热爱劳动的天性。申纪兰的父亲是乡村郎中，有心将医术传授给闺女，奈何申纪兰总是不上心学，但一到田里地里，就像换了个人似的，件件农活都干得有模有样。申纪兰打心眼里喜欢干农活，一天没下地就无精打采，到了田里便活蹦乱跳。这种热爱劳动的天性，在申纪兰身上延续至今。

在李顺达的影响和带动下，平顺县互助运动发展得如火如荼，山区农户“支前”热情高涨。此时平顺县二区和三区发生了蝗灾，平顺县就动员全县人力去消除蝗灾。

县里号召人力去灭蝗，很多年轻劳动力都报名参加。申纪兰那颗心跃跃欲试：她也想去参加。村干部在召集劳力时，在申家这儿犯了难：申父申泰恒是郎中，对农活不在行，他家又没有别的劳动力。村干部商议后，决定免了申家的劳动力。

谁知，年仅14岁的申纪兰一下子站起来说：“爹！娘！政府要求每家出一个劳动力，咱申家不能落后！虽说你们身子骨不利落，可是还有俺呢！让俺去灭蝗吧……”

申纪兰话音刚落，就被她娘打断了：“纪兰你瞎说个甚！这回灭蝗可不是一日两日。你年岁还小，又是个女娃儿家，也没出过门，这一趟路程那么远，不是爬山，就是翻沟，你咋吃得消？”这时的申纪兰深受互助组思想熏陶，充满了集体荣誉感和责任感，顽强地坚持走自己的路，最终，父母没有按捺住申纪兰的要求，让她和村里的七八个妇女一块去了。

这一次灭蝗让申纪兰体会到什么叫“吃苦”：一天要走几十里*山路，没地方吃，也没地方住，围着堎梯爬上走下，干到晚上眼睛都睁不开了。最后几天她几乎都要跟不上集体的进度了，男劳力劝她们回去，有几个女劳力实在跟不上就回去了。

抗蝗战斗有了很大成效，县里的干部觉得，这么多天苦拼下来，男人们都

* 里为非法定计量单位，1里＝0.5千米。——编者注

累乏得挺不住了，女人家就更加吃不消，便通知参加灭蝗的妇女们，实在家里有事的，或者身体支撑不下的，可以提前结束灭蝗劳动，回家歇息。

乡村干部们打发走一众妇女，却见年仅14岁的申纪兰还在那里忙前忙后。这个消灭蝗虫战斗中年龄最小的一个女娃，竟然没有提前回家？乡长就来问申纪兰：“娃儿，那么多大婶大嫂子都回了，你咋不也跟着早些回哩？赶紧去收拾收拾，立马就走，兴许还赶得上她们，路上也有个伴哩！”

申纪兰却说：“你们男人能干，我也一定能！”咬牙坚持着跟男人们一起打了十几天蝗虫，直到集体轮换的时候才回家。回到家里，娘见申纪兰的衣服都破了，脸也花了，心疼得眼泪都掉下来了。

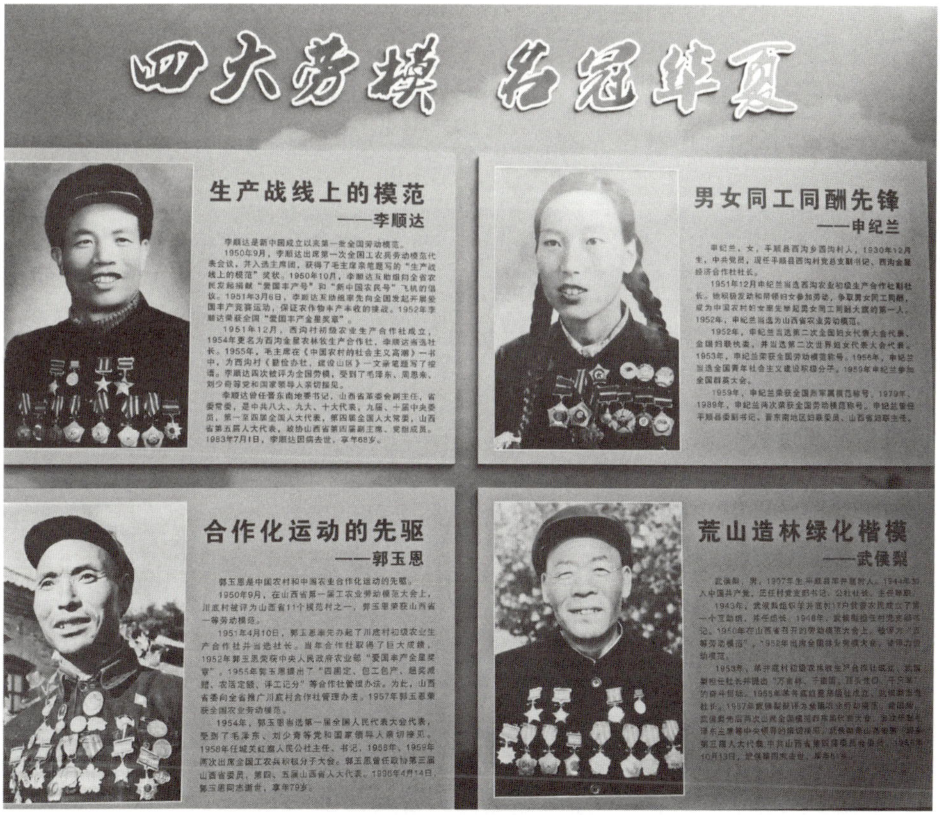

平顺县四大劳动模范

这次灭蝗劳动让申纪兰感到很光荣。申纪兰"替父去灭蝗"的事不胫而走，周边十里八乡，人人都知道山南底村女娃娃申纪兰的大名了。村里的干部都说："纪兰虽是个女娃子，却做了男人的事。"申纪兰自己也有了收获："再多人不敢做的事，不一定做不到，路长不过脚，困难大不过人。"

这以后，申纪兰再也闲不住，她参加了县里、区里、村里组织的"支前"运动，加入了村里的"纺花组"，还被评为"纺花模范"。在平顺县组织的纪念"三八"妇女节大会上，申纪兰光荣地戴上大红花，受到了县里的表彰和奖励，奖品就是一支纺棉线的锭子。

劳动，锻炼了申纪兰，成为她的立身之本，也为她日后登上广阔的舞台拉开了帷幕。

（二）引路人李顺达

1947年，申纪兰18岁了，从山南底村嫁到了西沟村，正式成为西沟村一员。在这里，她遇到了一生的领路人——李顺达。

1942年春天，经过党组织批准，李顺达公开了自己的共产党员身份。他站在会场大声宣布：我就是共产党员！

李顺达是平顺的传奇人物，他曾创造了平顺的多个第一。

李顺达是平顺县第一个敢于公开自己共产党员身份的党员。1942年冬天，在一次群众大会上，李顺达站在会场的一张桌子上大声宣布，我就是共产党员！在当时，公开共产党员身份是要冒着杀头危险的。

李顺达是全国最早成立农业互助组的带头人。1943年2月6日（农历的正月初二），为了响应党组织和毛泽东主席关于“组织起来，生产度荒”的号召，李顺达联合5户农民商议决定，成立互助组，这是抗日战争时期全国成立的第一个农业生产互助组织，名为李顺达互助组。

1944年11—12月，晋冀鲁豫边区首届杀敌英雄、劳动英雄大会及战争、生产展览在黎城县南委泉村举行。就是在晋冀鲁豫边区第一届群英会上，李顺达被评为“生产互助一等英雄”，边区政府奖励给他的互助组一头大黄牛和一面锦旗，锦旗上写着7个大字：边区农民的方向。1946年12月，晋冀鲁豫边区第二届群英会在上党古城长治莲花池召开，李顺达又被选为“合作劳动一等英雄”。就是在这次群英会之后，长治市将最繁华的街道命名为“英雄街”，同时命名的还有“英雄广场”“英雄台”。

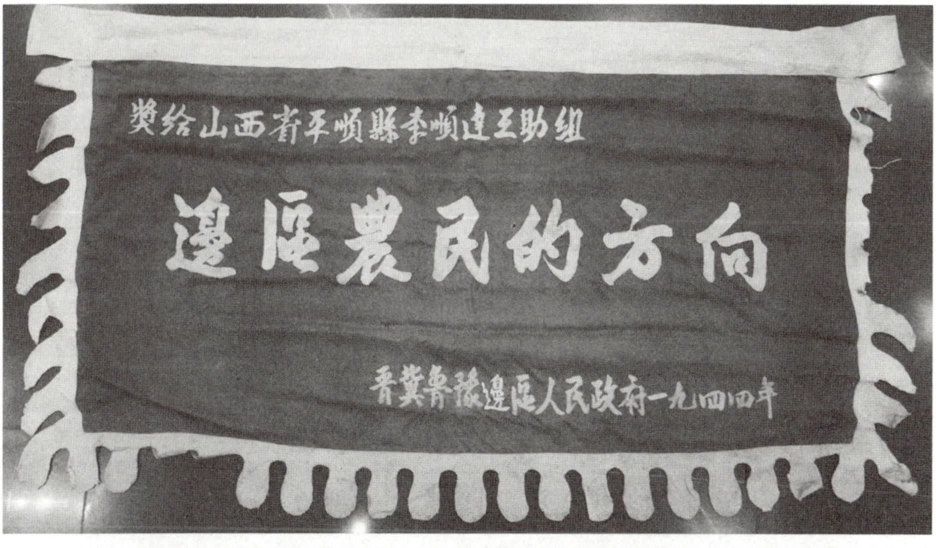

1944年，晋冀鲁豫边区人民政府授予山西省平顺县李顺达互助组“边区农民的方向”锦旗一面

李顺达是发起支援抗美援朝、捐献飞机大炮的第一个农民。1950年10月，美帝国主义悍然出兵侵略朝鲜，将战火烧到了我国鸭绿江边。为了支援抗美援朝战争，响应中国人民抗美援朝总会关于推行爱国公约、捐献飞机大炮的号召，李顺达互助组又向全省农民发出了捐献“爱国丰产号”和“新中国农民号”飞机的倡议。6—9月，西沟村互助组共捐旧币51.2万元，李顺达个人捐款15万元。“新中国农民号”飞机的照片至今还展出在辽宁丹东市抗美援朝纪念馆。

1950年，为了支援抗美援朝，李顺达互助组发起捐献飞机的倡议

李顺达是最早提出开展爱国丰产竞赛运动倡议的人。1951年3月6日，李顺达互助组率先向全国发起开展爱国丰产竞赛运动倡议，向全国提出保证当年农作物丰产丰收的挑战。同年3月9日，《人民日报》报道了李顺达互助组向全国发起爱国丰产竞赛倡议的消息。全国各地共有1 938个互助组和1 600多位劳动模范积极应战，一场轰轰烈烈的爱国主义丰产竞赛活动在全国各地迅速掀起，推动了当时农业生产快速发展和国民经济的恢复。

人民日報

第九八五號　今日共四版

一九五一年三月九日内容提要

★李順達互助組向全國各地互助組挑戰，保證今年農作物的豐收。農業部號召各地奮起響應。
★東北人民政府委員會舉行第三次擴大會議，高崗主席作題爲「鞏固國防、發展經濟」的報告。（以上一版）
★中南各省市合作社採用合同訂貨辦法，擴大土產交流。
★華北各地貫徹執行婚姻法，舊式婚姻制度逐漸消滅。
★政務院財政經濟委員會關於工資總額組成的規定。
★政務院財政經濟委員會關於執行勞動保險條例、勞動保險金的通知。（以上二版）
★黨的生活：企業黨委應重視對馬恒昌小組運動的領導。
★南京外籍修女殘害中國兒童。（以上三版）
★我國人民救濟馬來亞難僑委員會發表聲明，將派調查團赴馬來亞調查難僑情況。（四版）

保證今年農作物豐收！
李順達互助組向全國挑戰
農業部號召奮起應戰形成愛國競賽熱潮

東北人民政府委員會
討論建設強大的……

斯大林大元帥致電毛主席
感謝對蘇聯武裝部隊建軍節的祝賀

鞏固國防、發展……
——二月二十七日在東北人民政府委員會……

1951年3月9日，《人民日报》报道了李顺达互助组向全国发起爱国丰产竞赛的倡议

1952年秋，李顺达、郭玉恩、吴春安、任国栋4人获得全国爱国丰产竞赛运动最高奖——“爱国丰产金星奖章”。这是中华人民共和国成立后，中央人民政府农业部唯一颁发过一次，而且只颁发了4枚的奖章，山西有3枚，平顺就有2枚。

李顺达、申纪兰因玉米丰收而笑开了怀

1949年，西沟村最轰动的一件事是李顺达这年冬天在北京见到了毛主席，毛主席和他握了手。一个山里农民能走出去那么远，走到北京毛主席身边，申纪兰感叹说：“这天，真是人民的天啊，一想到这些，我身上就有使不完的劲儿。”申纪兰熟知李顺达和发生在他身上的传奇故事，并视他为自己的榜样。然而，申纪兰没想到，她也会有机会走到北京，见到毛主席。这当然是后话。

某天，李顺达开会谈互助组的事儿。李顺达是一幅庄稼汉子打扮，就是腰间比普通庄户人多扎了一根部队上的牛皮带，除此以外，似乎也没多大区别。可是李顺达一开口说话，就显出极大的不同了。他说："妇女能顶半边天。咱平顺县，早就是解放区了，农民和妇女早就翻身解放了。现如今，男人们早就参加了互助组。不过呢，眼下'支前'任务这般重，解放军战士们都等着咱多多送去粮食，互助组的劳力就不够使唤了。咱瞅着哩，年轻女娃们，小媳妇们，也可以试着参加互助组，先做一些简单的农活，慢慢熟悉了上手了，再干一些有技术的农活……"

申纪兰带领妇女参加了小花背植树造林大会战

申纪兰听着，觉得李顺达这话正说到自己的心坎上了，所以她打心眼里赞同李顺达的话。

这时，李顺达就将眼光扫到了她身上。李顺达指着她对众人道："申纪兰，你们大家伙不知道，她这女子可是不简单哩，在娘家的时候，十五六岁就是全平顺县的纺织能手，在县里的表彰大会上，都戴上了大红花，还获得奖励。远近十里八乡的没人不知道申纪兰。依咱看，纪兰，你就可以站出来挑个头呢……"

鼓掌声接连响起，大家伙都将目光投向了年轻的申纪兰。申纪兰吃了一惊，她一点心理准备都没有，涨红了脸，不过，心情反倒是莫名地愉悦起来。李顺达是爽快人，点将点到咱头上了，俺还能露怯退缩不成！她当即站起身，壮着胆子大声道："既然支书这样高看咱，咱决不能退缩，俺这就第一个站出来报名，明日起就下地，参加互助组生产劳动去！"

申纪兰（右六）发动群众努力生产，支援前线

大家伙又是掌声一阵。李顺达很高兴，对申纪兰道：“你这娃，本来就是棵好苗子，如今又是战士家属了，更得要好好带头干，将来，少不了得给你多多压担子呢！”

李顺达的一番话让申纪兰又惊又喜，有李顺达在前面引路，申纪兰干得很起劲。她说：“我眼前是一条大路，在西沟妇救会，无论是干什么样的工作，我心里都是暖的。”

李顺达经常跟申纪兰讲西沟村的贫穷历史，讲组织起来发展生产的益处……申纪兰听着李顺达的讲解，每一句都很新鲜，一下子脑子仿佛开了窍。李顺达告诉她，“村里男人们组织的互助组，头一年粮食亩产就增加了十来二十斤*，能说这不是成绩吗？”

申纪兰听了，信心更足了。她说：“往后，咱就死心塌地听党的话，跟着你努力搞生产，支援前线！”

李顺达故居

* 斤为非法定计量单位，1斤＝0.5千克。——编者注

李顺达（左一）、申纪兰（左三）等在西沟展览馆前合影留念

几十年后，在纪念李顺达逝世30周年的日子里，申纪兰在《山西日报》撰文回忆说：“没有共产党就没有李顺达这个英模典型，没有李顺达就没有我申纪兰的今天。”

就这样，申纪兰遇到了她的领路人李顺达，并从此开启了不一样的人生，而小小西沟村成了申纪兰非凡人生的大舞台。

二、信念——同工同酬

申纪兰为中国农村妇女举起了男女同工同酬这面具有世界意义的旗帜，这是申纪兰的一大历史贡献。

（一）男女同工同酬

1951年12月10日，以李顺达互助组为依托的西沟初级农业生产合作社成立，李顺达当选为社长，申纪兰当选为副社长。

合作社成立后，社里的农活特别多，一个显著的问题摆在了合作社面前：合作社劳力不够用，怎么办？

正在发愁的时候，李顺达忽然看到了眼前的申纪兰，就想，申纪兰能下地劳动，为何就不能发动西沟的其他妇女下田劳动呢？

李顺达看着申纪兰，把这个想法给提了出来。

当时，受封建传统习惯的影响，整个太行山还流行着“好男人走到县，好女子不出院”的古训。要使妇女离开“三台”（锅台、炕台和碾台），走出“院门”，实在不是一件容易的事情。

李顺达适时地对申纪兰说：“纪兰，你试一试，看看能不能发动社里的妇女下田劳动。虽然这是一件很困难的事情，可有困难也不要怕，不要向困难低头，要想办法克服它”，他还鼓励申纪兰：“相信你一定能把这个任务完成好。”

就这样，担任合作社副社长的申纪兰，上任的第一件事就是动员、带动社里的妇女，走出院门和男人一样下田劳动。

申纪兰（左二）在村上走家串户动员妇女下田劳动，发展合作生产

“动员妇女真难呀！”回想刚开始那段时间，申纪兰非常感慨。那年才20岁出头的她，很快召开了合作社妇女大会，动员妇女下地干活。可是到会的还不到一半人，就连那些过去妇救会的积极分子都打了退堂鼓。申纪兰只好挨家挨户去说服。不仅男人们不支持，就连妇女们也觉得出来劳动不如在家看孩子给男人做饭，工作进行得很艰难。

申纪兰（右三）发动妇女参加劳动

突破口的打开，始于一位叫李二妞的村妇的改变。

李二妞是村里出了名的“不出门”，手脚慢不说，对村里的事情也没什么热心。要是能让李二妞下田，其他人的工作就好做了。想到这，申纪兰起身去了李二妞家。

刚开始，对于申纪兰要自己下田这件事，李二妞是很抗拒的。

“你进步，你去下田。我活了半辈子，死了就是一辈子，其他事我不管。”

申纪兰就说："他爹（李二妞丈夫）瞧不起你，是因为你要靠他养活你。你要劳动了，就能挣上工分，多劳动多挣工分，想换件新衣裳就换，不用靠他爹。"

第二天，李二妞真的扛个锄头下地了。原来妇女们都不相信她能来，一看连她都来了，全村妇女也就一个个都下地了。

然而，即便人都来了，积极性还是不高。

"我黑来（方言：夜里）就想，妇女们不想出来，除了男人们阻拦之外，觉得挣不了几个工分也是个重要原因。"当时，妇女都下地了，可是挣的工分还是"老5分"。那时候10分算一个劳动力，两个妇女只能算一个男劳力，所以妇女只能记5分，这按性别划分的不公道的计分方式，让妇女们没什么干活的劲头。

只有男女同工同酬，才能彻底解决问题！申纪兰决定在村里组织妇女和男人比赛。

申纪兰带领妇女和男人开展劳动竞赛

“理不辩不明！同工同酬为个什么？是说妇女有能力，也能干男人的活儿！要想挣10个工分，就要跟男人们比一比，跟他们都干一样的活，看谁干得好！”

以在地里撒肥为例，以前都是妇女们装肥，男人们撒肥。撒肥是个技术活，不容易撒匀，申纪兰和妇女们下定决心要在这个方面跟男人们比一比。他们各要了一块同样大小的地，比谁能先撒完，并且撒得又快又好。要比赢在体力和经验上有优势的男人，关键在于使巧劲。在申纪兰的带领下，女人们先把地划成行，然后一行一行地撒肥，撒进去的肥料又匀又实。不到晌午，女人们就干完了自己的地。

反观男人们，他们是干一干，歇一歇，抽袋烟，到晌午也没干完。一看妇女干完了，他们有些后悔，后悔不该抽那几袋烟。

回忆到这儿，申纪兰笑着说：“妇女们不吸烟，不耽误工夫。”

第一次，女人们挣到了10个工分，和男人一样多。

丰　收

就这样，男女同工同酬，在这个太行山脚下的小山村里率先实现。

从申纪兰发动男女同工同酬，到这一事件持续发酵，进而被写进宪法，推动新中国男女权益平等，这既是历史的偶然，也是历史的必然。

1952年12月初，长治地区行政公署组织召开农业生产合作社座谈会，总结交流一年多来各县成立农业生产合作社的经验。参加会议的除了几个合作社的正副社长外，还有各区县的书记、县长以及地区委员会下属农口的领导，一共四五十人。

当时的地委书记是赵军。赵军看到参会的社长、副社长都是清一色箍白手巾的汉子。不知道是出于什么目的，赵军就随便问了一句："咱们十个合作社里连一个女社长也没有？"

这时，参加会议的平顺县委书记李琳站起来说道："我们平顺倒是有一个。就是西沟合作社的副社长申纪兰，但西沟合作社不在这十个合作社之中。"

当时的长治地区有"十个老社"的提法。新中国成立后，随着经济的恢复和发展，上党老区原来的互助合作组织逐渐瓦解，特别是一些高级互助组，管理有些涣散。针对这种现象，时任山西省委书记的赖若愚与长治地委书记王谦一起讨论研究，把互助合作组织提高一步，解决农村中存在的问题。他们定下了由互助组提高为农业生产合作社这个名称的计划，并选择在长治地区做试点。随后，中共山西省委于1951年春，正式批准中共长治地委选择条件好的7个村试办初级农业生产合作社的决定，后增加到10个，被称为"十个老社"。

"咱们既然开的是座谈会，就不要有那么多的死规矩了，多一个社参加也没什么不行的，赶快打电话叫申纪兰同志来参加会议。"地委赵军书记对平顺县委书记李琳说。

西沟村农业生产合作社接到电话里传来的会议通知时，大家伙都不知申纪兰此刻到底在哪里。一位副社长火急火燎地派人四处寻找，找了半天才发现，原来申纪兰这一刻正在田地里挥汗如雨呢！那位副社长如释重负，马不停蹄赶到地头，催促申纪兰立马回家换一身新衣服，赶紧到长治市去参加会议。可是申纪兰却道："不就是开个会，换什么呢！咱换上什么，还就是一个干活的农民……"死活就不愿意回去换衣衫，弄得那副社长哭笑不得。而这一边那位副社长又怕耽误了她开会，就只好由她了。然后专门派人赶着毛驴，顺着山道，紧赶慢赶地将申纪兰送往长治。

打谷场上，申纪兰（右二）正在为群众计酬分粮

申纪兰脑子里一点头绪也没有，稀里糊涂地就到了长治地委会堂门口。到了这里，她才意识到，自己这一身泥一身土的，好像确实有点不太合适。可是转念一想，怕什么呢，咱就是个劳动妇女，脚上沾着泥才是光荣呢。正胡思乱想着，她就被推到了平顺县委书记李琳身边。

李琳见到申纪兰一身下田的装束，倒也没有觉得意外，他让申纪兰先喘口气，喝口水，准备准备，一会儿就得上台发言。

申纪兰一听，更加紧张了。她说："李书记，咱一个乡下劳动妇女，从来没有见过这么大的场面，哪敢上台讲什么话呢？”

李琳安慰她道：“纪兰你不用紧张，就像平常在农业社里劳动那样，跟大姑娘、小媳妇随意聊天，拉家常。”

“那……”申纪兰心里还是没底，又问：“咱能讲个什么呢？”

“就讲讲农业合作社里的男女同工同酬。”李琳提示她：“平时咋干的就咋说，照实说。”

轮到申纪兰上台讲话时，参会人员立马掌声响成一片。这时候的申纪兰反倒不紧张了，她被工作人员引到台上，从从容容地把西沟村妇女如何破除传统旧习，自觉参加农业社生产劳动，先是植树造林绿化荒山，继而下地参加农业劳动，积极认真地学习农业生产技术，再如何同男社员比赛干活的事一一道来，完全像平日里同大姑娘、小媳妇聊大天拉家常那样。台上台下的领导、农业干部、技术人员、农业合作社社长，还有专家学者等，都听得津津有味，因而掌声不绝。本来只安排申纪兰讲半个小时，结果，申纪兰如数家珍般娓娓道来，一口气讲了一个半小时！

会议结束时，申纪兰所讲述的男女同工同酬，再次成为与会者热议的话题。特邀参会的《人民日报》社女记者蓝邨敏锐地意识到，发生在申纪兰身上的先进事迹，事关中国农村广大妇女的前途命运，是一个值得研究和采访的大课题。会下她与申纪兰一道返回了西沟村，对西沟村合作社开展“男女同工同酬”的做法进行了深入细致的采访，撰写的长篇报道《劳动就是解放，斗争才有地位——李顺达农林畜牧生产合作社妇女争取男女同工同酬的经过》，刊发于1953年1月25日《人民日报》。紧接着，各省的党报也转载了《人民日报》这篇长文。申纪兰一时成为轰动全国，特别是妇女界的新闻人物。男女同工同酬作为一个重要的政治命题得到广泛关注，并受到了党中央的高度重视。后来召开的第一届全国人民代表大会，把男女同工同酬正式写入《中华人民共和国宪法》。在《中华人民共和国宪法》第八十二条第二款规定：“国家保护妇女的权利和利益，实行男女同工同酬。”

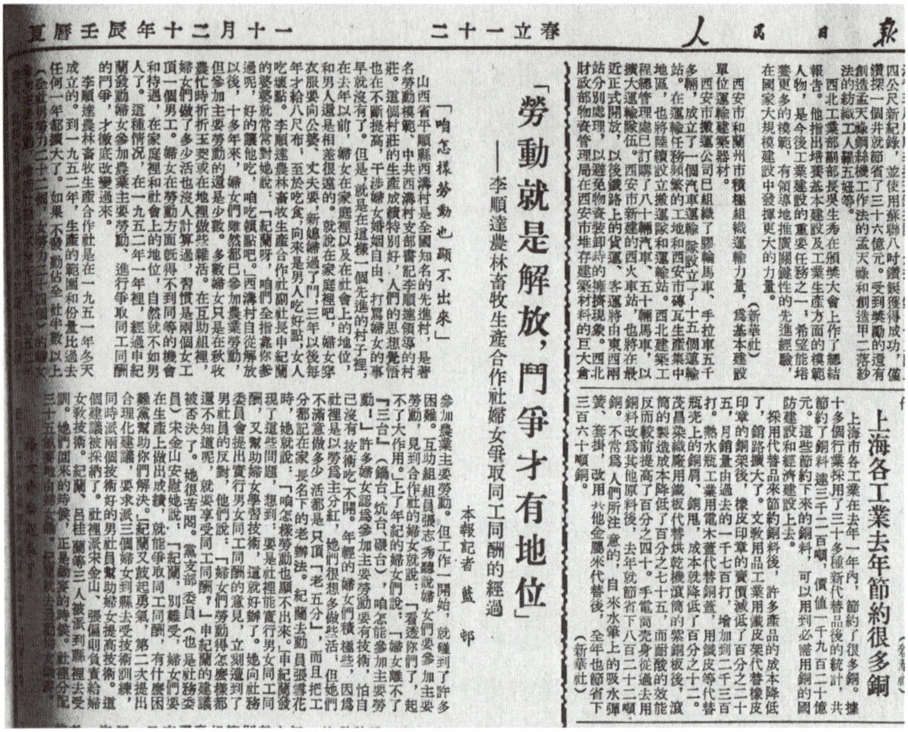

人民日報

夏曆壬辰年十二月十一　二十一立春

「勞動就是解放，鬥爭才有地位」

——李順達農林畜牧生產合作社婦女爭取同工同酬的經過

本報記者 藍 邨

「咱怎樣勞動也顯不出來」

山西省平順縣西溝村是全國知名的先進村，是著名勞動模範、中共西溝村支部書記李順達領導的村莊。這個村莊的生產成績特別好，人們的思想覺悟也在不斷提高，干涉婦女婚姻自由、打罵婦女的事早就沒有了。但是，就是在這樣一個先進的村子裡，在去年以前，婦女在家庭裡以及在社會上的地位，和男人還是相差很遠的。就說在家庭裡吧，婦女穿衣服要向公婆、丈夫要，新媳婦過了門，三年以後每年才給八尺布；至於吃食，向來是男人吃好點，女人吃壞點。李順達農林畜牧生產合作社副社長申紀蘭的婆婆就常常對她說：「紀蘭呀，咱們全指靠你爹過呢，好的讓他吃，咱吃賴點吧。」西溝村自從解放以後，十多年來，婦女們雖然都已參加農業勞動，但參加主要勞動的還是少數。多數婦女只是在秋收農忙時折折玉茭或在地裡做些雜活。在互助組裡，婦女們做了多少活也沒人計算過，習慣是兩個女工頂一個男工。婦女在勞動方面既得不到同等的機會和待遇，在家庭裡和社會上的地位，自然就不如男人了。這種情況，在一九五二年一年裡，經過申紀蘭發動婦女參加農業主要勞動，進行爭取同工同酬的鬥爭，才徹底改變過來。

李順達農林畜牧生產合作社是在一九五一年冬天成立的。到一九五二年，生產的範圍和份量比過去任何一年都擴大了。如果不發動佔全社半數以上（全社男勞力二十二個，女勞力二十四個）的婦女……

參加農業主要勞動。但工作一開始，就碰到了許多困難。互助組組員張志秀聽說婦女們要參加主要勞動，見到合作社的婦女就說：「看透你們了，起不了大作用。」上了年紀的婦女們說：「婦女離不了『三台』（鍋台、炕台、碾台），咱怎能參加主要勞動！」許多婦女認為參加主要勞動要有技術，怕自己沒有技術吃不開。年輕的婦女們積極些，因為社裡是以勞為主分紅，她們很想多做些活；但她們不滿意做多少活都是只頂「老五分」，而且把工分都記在家長名下的老辦法。紀蘭去動員張雪花時，她就說：「咱怎樣勞動也顯不出來。」申紀蘭發現了這些問題，想到：要是社裡能實行男女同工同酬，又幫助婦女學習技術，這就好辦了。她向社務委員會提出實行男女同工同酬的意見，立刻遭到了男社員的反對，他們說：「婦女們勞動得怎麼樣都還不知道呢，就要享受同工同酬？」申紀蘭的建議被否決了。她很苦悶。黨支部委員（也是社務委員）宋金山安慰她說：「紀蘭，別難受，婦女們要在生產上做出成績，就能爭取同工同酬，有什麼困難黨幫助你們解決。」紀蘭又鼓起勇氣，第二次提出合理化建議，要求派三個婦女到縣去受技術訓練，同時派兩個技術好的男社員幫助婦女提高技術。這個建議被採納了。社裡派宋金山、張偏則負責給婦女教技術。紀蘭、呂桂蘭等三人被派到縣裡去受訓。她們回來的時候，正是翻茭的時候。社裡分配三十五畝茭地由婦女……

……四公尺新紀錄，並使用蘇聯八吋鑽鋌獲得成功，僅鑽探一個井就節省了三十六億元。受到獎勵的還有創造孟天祿鋼絲機工作法的孟天祿和創造甲二落紗法的紡織工人羅五妞等。

西北工業部副部長吳生秀在頒獎大會上作了總結報告。他指出培養基本建設及工業生產方面的模範人物，是今後工業建設的重要任務之一，希望能培養更多的模範，有領導地推廣關鍵性的先進經驗，在國家大規模建設中發揮更大的力量。（新華社）

西安市和蘭州市積極組織運輸力量，為基本建設單位運輸建築器材。西安市搬運公司已組織了膠輪馬車、手拉車五千多輛，成立了一個汽車運輸隊，設立了十五個運輸站。在運輸任務頻繁的工地和西安市磚瓦生產集中地區，也將陸續設立搬運隊和運輸站。西北建築工程總管理處已訂購了八十輛汽車、五十輛馬車，以擴大運輸隊伍。西安市新建的西火車站，也將在最近正式開放，以後鐵路上的貨運、客運將由東西兩站分別處理，以避免物資裝卸時的擁擠現象。西北財政部物資管理局在西安市堆存建築材料的巨大倉……

上海各工業去年節約很多銅

上海市各工業在去年一年內，節約了很多銅。據十多個行業採用了三十多種新代替品後的統計，共節約了銅料達三千二百噸，價值一千九百二十億元。這些節約下來的銅料，可以用到必需用銅的國防建設和經濟建設上去。

採用代替品來節約銅料後，許多產品的成本降低了，銷路擴大了。文教用品工業用鐵皮架代替橡皮印章的銅架後，橡皮印章的賣價減低了百分之二十五，月銷量由過去的一千七百打，增加到二千三百打。熱水瓶工業用電木蓋代替銅蓋，用鐵皮等代替瓶殼上的銅肩、銅甩，成本就降低了百分之十二。茂昌染織廠用鐵板代替烘乾機滾筒的紫銅板後，滾筒的製造成本降低了百分之七十五，而耐酸的效能反而較前提高了百分之四十。手電筒殼身從過去用銅料改為其他原料後，去年就節省下八百二十二噸銅。不常為人們所注意的，自來水筆上的吸水彈簧、套掛，改用其他金屬來代替後，全年也節省下三百六十噸銅。（新華社）

申纪兰争取男女同工同酬的事迹在《人民日报》上发表

从此，申纪兰的名字闻名全国，名扬华夏，她首倡“男女同工同酬”的先进事迹也因此而广为流传。1953年，申纪兰光荣地加入了中国共产党，她还被评为全国农业劳动模范。

就是因为这个小小的座谈会，也就是因为长治地委赵军书记的一句话，使申纪兰的人生轨迹发生了至关重要的转折。

如果没有这个座谈会，如果没有赵军书记的这一句问话，如果没有平顺县委书记李琳对西沟合作社的了解和回答，如果没有现场《人民日报》记者蓝邨的政治敏锐和政治觉悟，也许申纪兰至今还是一个普普通通的农村老太太……

回想过去，申纪兰用无比坚定的语言表达了自己的决心：“我带领妇女争同工同酬，就是这个决心，为妇女争口气！都说妇女是半边天，我们就要为‘半边天’争光，争气！要是妇女不给妇女争光，你代表什么妇女！”

（二）走出西沟

1953年3月底，申纪兰接到了中华全国民主妇女联合会（即中华全国妇女联合会前身）的通知，让她前去北京，参加第二次全国妇女代表大会。

西沟村沸腾了，村民高兴地奔走相告："咱纪兰副社长也要上北京去了！"尤其是西沟村农业生产合作社的女社员们，更是喜极而泣："纪兰姐，你可是为咱妇女们争了大光呢！"

之前，申纪兰到过最远的地方是长治市，北京城是伟大领袖毛主席居住和工作的地方，在普通人乃至于申纪兰的想象中，北京城最令人向往的，应该就是宏伟的天安门城楼了。能够去到北京城，看看天安门，来到党中央、毛主席的身边，那是何等幸福的事啊。申纪兰当然是异常兴奋。

启程那一日，申纪兰骑着大骡子，伴随着一路上"踢踏踢踏"的骡蹄声，颠颠簸簸一身尘土地来到了长治地区。稍做歇息，长治地区有关部门就安排她坐上了大卡车来到太谷火车站，从这里坐上小火车，"咣当咣当"地晃悠到太原，然后才从太原登上列车，呼啸着直奔北京。

这一路的奔波，竟然花了三四天时间，可以说是相当累人的旅程。申纪兰也感到很乏。她早就习惯了每日扎在田间地头，挽起裤腿忙忙碌碌地挥汗如雨劳作不息，这让她的身心本能地享受到了极大的愉悦。所以，较之骑骡、坐卡车、乘火车，连续几天没能下地挖土挑粪，于她而言才更乏。这么多年勤勤恳恳下地，劳动对于申纪兰来说，已经成了发自内心的热爱。而这一次，是她自从参加生产劳动以来，头一遭好多天没能够下地劳作，因此她浑身仿佛生了病一样的不舒服。

然而申纪兰并不知道，这次去北京参加全国妇女代表大会，只是她迈向荣誉殿堂的发轫之旅。在后来几十年的岁月里，随着她在荣誉殿堂里的步步迈进，她脱离生产劳动第一线的日子就越来越多，甚至在许多时候，她身不由己地将长久告别农业生产劳动，这让申纪兰这位原汁原味的农村劳动妇女产生了很大的惶惑和迷茫。但最终，哪怕身披再耀眼的光环，申纪兰还是坚定地扎根在地里田间，始终不渝，这当然是后话了。

1953年，申纪兰（右一）参加第二次全国妇女代表大会，同妇女代表在一起拍照留念

4月的北京城，阳光明媚春风吹拂，姹紫嫣红缤纷灿烂。

第二次全国妇女代表大会于1953年4月15日上午9时，在北京中南海的怀仁堂正式开幕。宋庆龄、何香凝、蔡畅、邓颖超、李德全、许广平等在主席台就座，申纪兰也荣幸地被选为47人组成的大会主席团成员之一。申纪兰感到非常惊讶，她万万没有想到，组织上给了自己这么高的荣誉和待遇，“申纪兰”这个名字，竟然能够进入到主席团的名单里，与这么多大名鼎鼎的大人物排到一起，她觉得让人太难以想象了。

然而，接下来，大会的安排令她更加震惊，她被确定为大会主要发言代表人，并且排在第二位。

申纪兰激动万分，忐忑不安。她觉得自己就是一个普普通通的农村妇女，没有什么文化，也没有做出什么惊天动地的大事，可是组织上竟给了自己如此之高的待遇！这对于朴实做人认真做事的申纪兰，觉得太突然、太意外了！

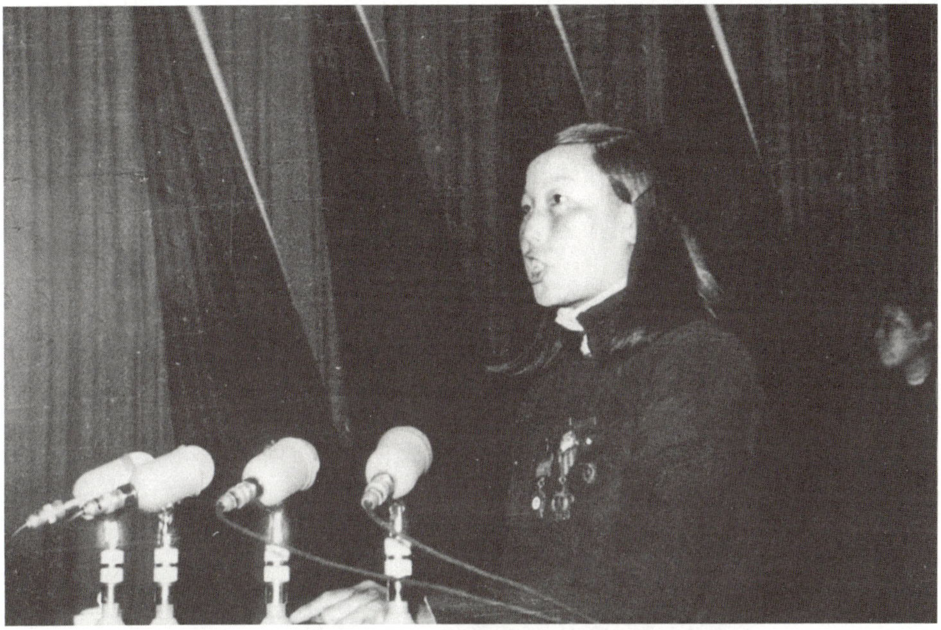

申纪兰在大会上作报告，分享“争取男女同工同酬”的经验做法

申纪兰发言的主题是如何发动并带领山西省平顺县西沟农业生产合作社妇女这一劳动群体，“争取妇女同工同酬”，并取得成功的经验做法。出发之前，山西省、长治地区、平顺县组织了三级写作班子，为她数易其稿，反复修改并经过山西省有关领导审定，才把发言稿交到了申纪兰手中。申纪兰文化程度本就不高，但是她没有掉以轻心，她细心地反复揣摩这发言稿，她觉得，这个发言稿里，将她说成具有很强的妇女理论意识，树立了主动争取妇女地位和妇女权益的先进思想等，都把她抬得太高了。她觉得自己就是一个农村妇女、普通农民，哪里懂得什么“先进思想”这些看不见、摸不着的东西？所以，到了发言的时候，申纪兰没有完全按照发言稿去念。她还是像在长治地区农业合作社大会上那样，朴素而真实地讲述了西沟村农业生产合作社的妇女们，通过与男

人们的劳动竞赛比拼，终于争得了妇女同工同酬等经历。尽管这样，大会依然反响热烈。“妇女与男人同工同酬”依然成为这次大会内外的热点话题。

时代在不断地进步，此时的中国，已经迈进了一个前所未有的崭新历史阶段。随着新中国建设高潮的兴起，申纪兰带领西沟村农业生产合作社妇女实现“男女同工同酬”，就成为破天荒的新鲜事物，具有时代意义和现实意义。在这样一个新旧时代转换的时期，为妇女争取社会地位的划时代之举，活生生地演绎了毛泽东同志关于争取妇女权益和妇女能顶半边天的伟大论断。因此，为了推动时代的进步，申纪兰因缘际会，成了妇女翻身求解放的典型，具有极为重要的宣传意义。

1958年，申纪兰（右一）赴京参加全国妇女建设社会主义积极分子代表会议，同全国妇联主席蔡畅（左一）在一起交谈

申纪兰以发自内心的无限热忱置身其中，辉煌和灿烂也就很自然地披挂在她的身上。她成为全国第一个争取男女同工同酬的先进典范，在当时的历史情境下，许多人发自肺腑地赞誉申纪兰是新中国“男女同工同酬的擎旗人”。

第二次全国妇女代表大会开得轰轰烈烈，大会将要落下帷幕的那一天，毛泽东主席来看望参加大会的妇女代表。当毛主席快要走到申纪兰这边时，申纪兰激动得脸色红润，心跳加速。毛主席问："这位女同志是谁呀？"时任全国妇联副主席的章蕴随即向毛主席介绍说："她就是申纪兰，那位提出了男女同工同酬的山西妇女代表……"

毛泽东主席伸出了他那伟人温润厚实的大手，同申纪兰热情握手！

领袖毛主席的看望和握手，是对申纪兰最大的鼓励和鞭策，也是申纪兰此后工作生活的不绝动力源泉：有这样的党和政府，咱老百姓就是两句话，听党话，跟党走！

红色西沟这片土地给了申纪兰源源不断的精神给养，李顺达的引领让申纪兰干劲十足。在许多历史性的转折关口，申纪兰思想上一直秉持着"听党话，跟党走"的朴素感情理念，在行为上则更是不折不扣地坚决执行照办。

第五章　形象与本色

作为人大代表，你有没有级别？
“有级别，我的级别是农民”，申纪兰如是回答。

一、形象——百姓代言

从1954年当选第一届全国人民代表大会代表，到2018年当选第十三届全国人民代表大会代表，申纪兰连续担任了13届全国人民代表大会代表，这是她风雨人生中，最耀眼最辉煌的角色。可以说，申纪兰见证并亲身参与了具有中国特色的社会主义民主建设的全部进程，她60多年的全国人民代表大会代表履职经历，正是中国民主法制建设不断进步发展的真实写照。

“能当一届全国人大代表就了不得了，没想到自己能接连当13届，这是党和人民给我的最高荣誉”，申纪兰说：“没有共和国的成立，就没有人民代表大会，没有人民代表大会也就没有人大代表的说话机会，就没有人民发言权利的保护，就代表不了人民的利益……人民代表大会的成长与人民生活的改善紧密相连，给人民带来了幸福、保障和发展。”

（一）为国家主席投下庄严的一票

1954年，申纪兰和李顺达同时被选为第一届全国人民代表大会代表。才20多岁的申纪兰，接到通知后非常激动，她做梦都没想到。她问李顺达：“我是咋被选上的？”李顺达说：“全国劳动人民选的呀！你代表中国妇女做了那么大的事，光荣啊，群众当然要选你。毛主席也是在北京西单选区被选上的，你不想去北京参加大会见毛主席？”

从西沟到北京，申纪兰又走了4天，骑毛驴走出平顺，从长治坐卡车到太谷县换长途车，到太原再坐火车。

1954年，出席第一届全国人大一次会议的山西4位女代表，从右到左依次是申纪兰、李辉、郭兰英、胡文秀

第一届全国人民代表大会在中南海的怀仁堂召开，作为代表，申纪兰的"代表证"只是一张小纸条。没怎么出过门的她，住在东四的一家小旅馆内，看到电灯都觉得新鲜。

这次大会有两项重要任务：制定中华人民共和国第一部宪法；选举中华人民共和国主席。这次会议具有伟大的历史意义，是我国人民从1949年新中国成立以来的新胜利和新发展的里程碑。

1954年9月，申纪兰在第一届全国人大一次会议上投票

9月15日下午3点，大会在中南海怀仁堂开幕。

9月20日，全体代表全票通过了《中华人民共和国宪法》。从那天起，国家有了宪法，申纪兰打心眼里高兴。

9月27日，大会进行选举。申纪兰为选举毛泽东同志担任第一届国家主席，她在选票上“画上大大圆圆的圈”，郑重地往投票箱里投下了自己心里最想投的一票。“我就想，一定要把毛主席选上。之前好几天，我都练习画圈，心想一定要把圈画得又大又圆。那天，我在选票上‘毛泽东’的名字下面画上一个圈，画得圆圆的。我到主席台上投上一票，记者还给我照了相，感动得我眼泪都流下来了，真是难忘的一天。”

从那时候开始至今，申纪兰参与了每一届中华人民共和国国家主席的选举。如果说有什么变化的话，那就是现在的投票不再是在纸质的选票上画圈圈了，而是改用更现代更科学更准确地电子投票，摁下按键，票数瞬间就在主席台左右两侧墙上的大型屏幕上显现出来……

作为全国人民代表大会代表，60多年来，申纪兰参与审议了每一年由国务院总理所作得政府工作报告，以及由最高人民法院院长、最高人民检察院检察长所作得工作报告；作为全国人民代表大会代表，申纪兰参与了每一部中华人民共和国法律的制定和表决。她完整地见证了共和国艰辛而辉煌的民主政治建设历程。

（二）为人民代言

从1978年的第五届全国人民代表大会开始，召开的时间固定了下来，5年一届，人民代表大会代表要承担职责，要拿出自己的议案或者建议。

1978年，申纪兰已经50多岁了。她没念过书，是个不识字的劳模，她认字写字，听新闻、看报纸，领会党的新文件、新精神。就这样，一点点成长为不用稿纸都能连续讲上几小时党课的模范党员。这些都让她身边的人感慨，“虽说没念过书，理论水平高着呢”。

申纪兰在劳动之余不忘学习中央精神

人大代表为谁代言？当然不能为个人私利，申纪兰有明确的定位和认知，她说："作为一个人民代表要为农村老百姓说话，实实在在地了解农民的愿望和需求，尽力把农村普通百姓的声音带到人民代表大会会议上，做好中国农村百姓的代言人。"

出于对党和政府的信任，申纪兰每次投票都慎重。她不是一个没有原则的人，也不是一个见风使舵的人。她认定"当人民代表，就要代表人民的利益，不能从自己的利益出发。我文化低，说不清楚。但这么多年，内心拥护的事，我就投票，不拥护的事，就不投票。"

1977年，中共山西省委召开三届八次会议，选举党的十一大代表。李顺达在会上受到公开批判，并作检查。会下，有人暗示申纪兰，不要投票给李顺达，这令她一度痛苦纠结。但在选举那天，3次唱票“李顺达”，偌大会场上，只有她孤零零地举起一只手。

第十届全国人民代表大会上，申纪兰（中间）与人大代表们合影

申纪兰对民主也有独到的见解，“民主就是我们社会主义国家的民主，民主是真正发挥群众作用。这个民主就跟我们栽树一样，开会大家商量商量，大家说可以，也有人说不可以，这时领导是关键，领导带头干，最后不同意的也来干了。这就是民主的集中。”人们对申纪兰的民主观不了解，通过她的这种栽树说法比较，很好地体现她的民主集中制观念：民主就是要讨论商量，一旦定下来，领导要带头干，大家要跟上。

60多年来，申纪兰提出过很多建议议案，为群众利益多次呼吁。她每年都要抽出大量时间走访群众，调查收集第一手材料，提出了许多接地气的议案建议，比如加强农业的基础地位，加快农村基础设施建设，保护耕地和合理使用土地，重视粮食生产，减轻农民负担，落实计划生育政策，维护妇女儿童合法权益等。“这是党和人民对我的信赖，我这个代表决不辜负人民的重托，我要坚决听党话，跟党走。”半个多世纪以来，申纪兰一直在切切实实地为农民说话办事，将自己的足迹深深扎根在中国的乡间，将农民群众的呼声传递到全国人民代表大会上。

十二届全国人大一次会议上，申纪兰代表发言

申纪兰为西沟村争取了不少项目，但她的眼光并不局限于此，她时常跳出地域观念，看待农民整个群体，关注他们的利益。“一个农民代表应看得更高，能够从真正意义上看到这个国家农民的处境，绝不能把自己限于为一个村子做事。”很多人将申纪兰视为农民的贴心人，遇到问题就给她写信反映，其中有山西省内的，也有外省的。申纪兰除了把问题反映给有关部门外，还把来信整理成建议提交到全国人民代表大会。

有一年全国“两会”上，有外媒记者采访申纪兰，问她：“下一届还要继续当全国人民代表大会代表吗？”申纪兰回答：“当不当代表，我说了不算，群众选我，我就当，不选我，我就当不了。不过，不管能不能当上代表，我都会关心国家、关心人民，尽心做好应做的事情。”她并不迷恋权位，而是从内心里关心国事，想尽自己的本分。

申纪兰所提的建议和议案，有很多与老区人民脱贫致富有关。像山西引黄入晋工程、太旧高速公路建设、大运高速公路建设、中西部开发、山西老工业基地改造、长治飞机场建设等，都在她和其他全国人民代表大会代表的提议下变成了现实。

作为一名农民代表，申纪兰最知道农民想说什么，想干什么，始终关注着农村的发展情况和农民的生活状态。农民现在虽然吃饱了，穿好了，但经济还不富裕，生活水平还仍然很低，如何让每一个农民都富起来，过上小康生活，是申纪兰多年来一直向全国人民代表大会反映的问题。她特别希望中央出台一些针对太行山老区发展的优惠政策，支持太行山老区农林牧畜全面发展，支持老区人民快速脱贫致富。

履职66个年头，时光在忙碌中悄然飞逝。时间也是客观的见证者，申纪兰在全国人民代表大会上提交的关于山区交通建设、保护耕地、新型农村合作医疗、农村干部选举、贫困地区旅游开发、解决农村干旱地区饮水困难、发展农村教育等建议，得到相关部门的重视和积极回复。

如今，全国人民代表大会代表的人数从第一届的1 000多名增长为现在的近3 000名，现行宪法也历经5次修改，每一次修改都在全国人民代表大会上经代表表决通过，申纪兰都一一参与并见证。

二、本色——我是农民

农民，是申纪兰永远不能舍弃的身份。无论做多大的官，得多少奖，她始终热爱劳动，农民本色不改。申纪兰虽已高龄，但仍每天让自己忙碌着，除了有时开会，她还会下地干活。“我一直这样忙也不累，不忙了我就不在了。”她愿意让自己忙起来，她不愿意坐下来休息。在她的潜意识里，人活着就是要劳动。

（一）锄头一扛，还是西沟人

1973年的某天，申纪兰正在地里劳动，平顺县委组织部一名干部找到地里，把一个印着“中共山西省委组织部”的信封交给了申纪兰，拆开一看，是一份任命书，申纪兰被任命为山西省妇女联合会筹备委员会主任。

申纪兰任山西省妇联主任时，在太原留影

拿着任命通知，申纪兰不知所措。她找到西沟村党支部书记张俊虎说：“这么大的干部我当不了，要我离开西沟去太原我也不想。”

张俊虎说：“你是国家劳模，党的干部，党叫干什么就干什么，还能一辈子守在西沟咋的？”

申纪兰说：“我就要守在西沟。”

山西省委的调令下来了。平顺县委找申纪兰谈话，“你经常说听党话，为什么调令来了你不走？”

申纪兰不知道该如何回答，想到要服从党组织的安排，她就去了。

到山西省委组织部报到完，申纪兰去了妇联筹备委员会，主任办公室已为她备好，里面一张办公桌，一把高靠背木椅，一对单人沙发，一个文件柜，还有一部电话。申纪兰坐在里面不知道干什么，每天走进办公室，就像走错了地方，一天吃不好也睡不好，心里老想着西沟。

山西省妇联筹委会成立后，申纪兰任主任，她把日常事务分给副主任们各把一头，自己闲得没事做。上班第一件事就是打扫办公室卫生，先打扫自己的，再打扫公共的。打开水、扫院子、打扫厕所的活申纪兰都包揽了。在机关食堂吃饭，别人吃完饭一推就走了，申纪兰就留下来帮着炊事员洗锅刷碗。

做这些事，申纪兰没觉得啥，别人倒有意见了，说申纪兰把别人的活都抢了，连打扫卫生的都对她有意见。

在妇联工作了两个月，西沟的张章存来妇联看申纪兰，一见面他就吃惊地说不出话。“纪兰，你病了？脸上肿了，手也肿了，你这是得什么病了？”这一问，让申纪兰眼泪直往下掉。她说“我没病，天天都下地动弹呢，弄不了这。”

张章存说：“我知道你在这儿受啥罪了，你是地里的劳模，不是办公室的劳模，你应该回到地里去。”

张章存的话确实说到了申纪兰的心坎里。然而，申纪兰带了好头，下面人办事都很勤快，山西省委对申纪兰的工作评价很高。几个月后，申纪兰在山西妇女代表大会上，当选为省妇联主任。

省委给申纪兰准备了一套住房，申纪兰没有接受，在办公室放了一张床，晚上就住在办公室。省委来人找申纪兰谈话，她就是坚持不要住房。

接着，人事部门就来为申纪兰办转户口，因为一个省妇联主任还是个农民，许多的国家干部待遇就不好落实。谁想到，申纪兰的第一反应是：户口一转，我就再也不算西沟人了。西沟是申纪兰受党培养成长的地方，她是从西沟走到北京，和毛主席握了手，还出了国，“现在让我离开西沟，我这个劳模还算是劳模吗？”

时任山西省妇联主任的申纪兰在大会上作报告

申纪兰决定回西沟找答案。

申纪兰没有乘坐单位安排的吉普车，而是先搭乘长途汽车回到长治，再转车到平顺，后步行到西沟。她说，回西沟是私事，不能用公车。

离家将近半年，走时地还没种，可眼下庄稼都快要收割了。满山的树，满沟的庄稼，站在村口，申纪兰眼泪不由流下来。

申纪兰回来了，大半个村子的人都来看她，在这一刻，申纪兰才明白：不是西沟离不开我，是我离不开西沟。

申纪兰回到西沟，继续劳动

回到太原后，申纪兰就向省委提出要回西沟的要求，请省委批准。

省委组织部找申纪兰谈话。申纪兰激动地说："我的户口在西沟，我的级别是农民，我向周总理保证过，要把西沟的荒山都绿化了。离开西沟，我还怎么绿化荒山？我是太阳底下晒出来的，不是办公室坐出来的。"

山西省委考虑到申纪兰的实际情况，同意了申纪兰回西沟的申请，人可以回西沟，但仍要主持省妇联的工作。

申纪兰趁机向省委提出了6点要求：不转户口、不定级别、不拿工资、不要住房、不调工作关系、不脱离农村。

申纪兰又回到西沟，继续“抓革命、促生产”。

于是，申纪兰在西沟和省妇联两头跑，一年下来，挣下的收入几乎全花在西沟至太原的路费上了。

申纪兰（前一）参加劳动

1974年，苹果大丰收，申纪兰喜上心头

1983年，组织上把申纪兰列入长治市人大常委会副主任的候选人，她还是一再申明自己不合适。最后她当选后，市里要给她转户口、定级别、配专车，她又全部推辞了。她多次外出联系业务，坐的是公共汽车，住的是低价格的旅馆，吃的是最便宜的饭菜。给村里出差办事，她从未在村里报销过一次车票，领过一次出差补助。她说："国家每月给我150元的补贴，这就都有了。"

（二）属于亿万农民的荣誉

我是代表亿万农民光荣地领了这个奖，没有共产党、没有社会主义，我就领不到这个奖。

——申纪兰

2019年9月29日，这一天必将永载中华人民共和国的史册：为党和人民事业作出巨大贡献的“共和国勋章”获得者，登上国家最高领奖台，接受党和人民的致敬。

当《向祖国致敬》雄壮的乐曲响起，申纪兰踏着铿锵的节拍第一个走上领奖台，中共中央总书记、国家主席、中央军委主席习近平亲自为申纪兰颁授“共和国勋章”，这一刻，90岁高龄的老劳模申纪兰是中华人民共和国最耀眼的星。

“国家主席亲自给我戴上的，我是代表所有农民戴上了‘共和国勋章’。我要把获得的勋章当作前进的动力，新时代要有新想法，新时代要有新发展，我们农民永远听党话、跟党走。”回味那激动人心的一刻，申纪兰心潮澎湃、感慨万千。

申纪兰不脱离劳动生产

刚刚在北京参加完国庆系列活动回到西沟的申纪兰又忙了起来。顾不得连日来奔波的疲惫，10月4日一大早，她就和西沟村“两委”成员坐在一起研究西沟未来的发展问题。

当年，西沟村是石头山、石头沟，谁干谁发愁，可西沟人就是不服输，在石头山上种树，逢土必种。西沟几十年来持续不懈地发展生产、植树造林，如今的西沟，2万亩荒山披上绿装，干石山变成“花果山”，乱石滩变成“米粮川”。西沟还与时俱进、创新发展，关停村办污染企业，并建起香菇大棚，引进光伏发电和服饰床品产业，发展红色乡村休闲旅游，这些都是申纪兰带领群众艰苦奋斗、推进老区高质量发展的生动写照。

直到现在，申纪兰仍担任西沟村党总支副书记，并仍在想方设法帮助村里发展产业，用实际行动弘扬着劳模精神。她说：“不是西沟离不开我，是我离不开西沟，离不开劳动。我的根在农村，我只是一名农民，我获得的荣誉也属于劳动人民。”

近70年来，很多事申纪兰都放下了，唯有一件事始终坚持，那就是到农民中去，到广阔的田野中去，与农民一块过、一块苦、一块乐。

第六章　执着与忠诚

> 有记者问：“如果用一个词来形容您这一生，是什么？”
>
> 申纪兰回答：“忠诚！共产党这些年走得不容易，我跟着党走也不容易。”

一、执着——上下求索

1978年12月，党的十一届三中全会召开，开启了中国改革开放的大序幕。安徽省凤阳县小岗村土地联产承包的做法，开启了中国农业生产体制的大变革。这一年，第五届全国人民代表大会也有了变化：召开的时间固定下来，每5年召开一次；代表要承担责任，拿出自己的议案和建议。这个变化对于不大识字的农民代表来说，不容易。申纪兰意识到自己要紧跟时代发展，学习进步。

（一）回到西沟

1983年，申纪兰当选为第六届全国人民代表大会代表。在北京参会时，申纪兰发现，多年前一起参加全国人民代表大会的劳动模范没有几个了。这次会议完全是新气象，让申纪兰很受启发。开完会，从北京回到太原，申纪兰就去山西省委找领导谈话。

她说：“在互助组、合作社时期，西沟走在了全国的前列，那是‘领着走’；后来学大寨是‘跟着走’；现在实行联产承包责任制，是‘摸着走’。我们西沟没有经验，在新形势下，全国都在以经济建设为中心，我不想落在全国后面，我要回西沟好好劳动，带大家走致富的经济路子。”

1992年，申纪兰获得“太行英雄”的光荣称号

就这样，申纪兰彻底卸下担任10年的山西省妇联主任一职，回到了西沟。

同年7月1日，一代劳模、西沟村的领路人李顺达，走完了他68岁的人生历程，辞世而去。西沟领路人的责任历史地落在了申纪兰的肩上。这一年，西沟村全面推行家庭联产承包责任制。

联产承包责任制，打破了多年来农民吃大锅饭的平均主义思想，解决了农民的温饱问题，解放了生产力，调动了农民的积极性。但是在西沟村也暴露出一些问题：工副业项目因掠夺性经营，不能及时调产倒闭了；500多亩的苹果园农户只顾收益，果树退化不能更新、病死砍伐殆尽了；集体所建的公益性用房大部分廉价卖给私人了，集体资产荡然无存；片面化一包到底、一分二净的做法使村集体成了空壳村，只留下了“一间房子、一张桌子和一个戳子（公章）”，村集体丧失了发展基础设施、建设新农村、发展公益事业的主导权。所有这些，让老劳模申纪兰十分心疼，也十分揪心。

1984年，申纪兰针对西沟村家庭联产承包责任制暴露的问题，大胆进行改革。耕地所有制保持不变，包产到户、自主经营的体制保持不变，但实行3年一小调，5年一大调，根据人口增减进行耕地增补调减，确保添人增地，减人减地，确保土地不撂荒，不私自转让；成林和有林山坡收归集体管理，新建的企业和经济、文化、社会事业设施由集体经管。在此基础上，1985年，西沟村重新成立农业合作社。合作社成立后，通过实践，建立了5种机制：一是统分机制，西沟村坚持宜统则统，宜分则分，统分适度，优势互补；二是积累机制，有差别分档次制定各业上交集体提留比例，增加集体收入；三是服务机制，为农户提供产前、产中、产后服务信息；四是保障机制，对年满60岁的老干部、困难户、军烈属、五保户和70岁以上的老村民提供生活补助；五是开发机制，开发和培养各类掌握实用技术和发展市场经济的人才。

自此，老劳模申纪兰在西沟村探索出了一条“统一经营与分散经营”相结合，“集体优越性和个人积极性”同发挥的“双层经营”新路子。这个新的农村发展经营体制，在全国引起了强烈的反响。为此，1985年，中共中央、国务院下发中央1号文件，就活跃农村经济提出了10项政策。

1985年3月，全国“两会”在北京召开，时任国务院分管农业和农村工作的副总理田纪云专门邀请申纪兰就当前的农业和农村工作汇报她的想法和打算。申纪兰向田纪云副总理如实地汇报了改革开放以来农村和农业面临的新情况、新问题以及西沟村发展农村“双层”经营的做法和经验，更加坚定了田纪云副总理全面推行以家庭联产承包责任制为中心的农业、农村改革，并大力扶植乡镇企业发展的决心和信心，并希望申纪兰在农村带个好头。

为全面落实中央1号文件精神和田纪云副总理的指示，1987年5月，西沟农业合作社完善为“西沟金星经济合作社”，申纪兰当选社长。西沟村乡镇企业发展开始迈出了新的步伐。

山东、浙江等地乡镇企业的快速发展，让申纪兰大开眼界。她和村里的干部意识到，农村要发展，必须发展乡镇企业，必须上项目。1984年春，刚刚参加完全国“两会”的申纪兰便带领村干部到河南七里营、江苏华西村及苏州、无锡、上海等发展较快的地区参观考察乡镇企业。这次考察，他们思想收获很大，兴办工厂、发展企业的想法更强烈了。参观回来，通过认真研究，下定了办工厂的决心，做出了着手筹备建厂的决策。

西沟村第一个村办企业——西沟铁合金厂

1985年4月，西沟村利用本地丰富的硅矿资源，开始兴建铁合金厂。这是西沟村有史以来创办的第一家初具规模的工业企业，也是平顺县创办的第一个村办企业。1987年10月，总投资150万元，装机1 800kVA的西沟铁合金厂1号炉建成并试产成功。2002年，西沟铁合金厂投资1 000多万元建成了3号、4号炉，使铁合金的年产量达到6万吨，产值达到1亿元，上缴利税1 000万元，成为平顺县境内最大的冶炼加工企业。

申纪兰在铁合金厂参观学习

1992年1月，邓小平南方谈话后，老劳模申纪兰思想进一步得到了解放，她开始试着办大企业，试着让西沟走出大山，到外面广阔的天地里闯市场。1994年，他们根据市场需要，引进外地技术和经营技术人才，投资100万元，办起了金星磁钢厂。1997年，西沟村与山西安泰集团合作建成了山西安泰纪兰饮料有限公司。1998年12月，饮料厂全面改制，组建了山西纪兰饮料有限公司，使西沟村办企业第一次引进了现代化的企业管理模式，这对西沟村其他企业的发展都是一个大大的促进。西沟人经历了办企业的艰辛，但也尝到兴工致富的甜头。西沟要发展，必须“走出去”，立足西沟放眼全国，跳出西沟发展西沟。西沟山大沟深，石厚土薄，交通不便，信息不灵，发展企业有着很大的阻力和障碍。申纪兰想要走出去办企业的想法没有变过。

1998年初，第九届全国人民代表大会第一次会议刚刚结束，申纪兰就和村干部共同谋划在太原筹办“西沟人家”有关事宜，为了办成这一在太原展示西沟、宣传西沟的窗口，申纪兰在西沟和太原之间往返了不知道多少次。

1998年8月28日，“西沟人家”终于正式开业了。“西沟人家”不仅为西沟村安排了80多名劳动力，重要的是在省城太原宣传了西沟的产品，展示了西沟人的形象，提高了西沟村的知名度，为西沟人步入改革开放的市场经济大潮奠定了基础。

“西沟人家”民宿开业

通过“西沟人家”，让申纪兰受到更多的启发，她深深认识到“西沟”“纪兰”这个“名人名村”的品牌作用，也更懂得了如何更好地发挥“名人名村”的品牌效应。2000年3月，西沟村在太原开办了“西沟人家”二部，2001年4月西沟村在太原开办了“西沟人家”三部，之后又开办了四部。西沟人终于走出了大山，迈出了域外发展新步伐。

2000年5月，西沟人又挺进太原房地产市场，在太原成立了山西纪兰房地产开发公司。

2000年9月，山西纪兰饮料有限公司在长治市成立销售分公司，并在北京、太原、郑州等大城市建立了销售网点。同年10月，饮料厂生产的“纪兰”牌核桃露被国家绿色产品认证中心认证为绿色产品。2006年9月，山西纪兰饮料有限公司又投资230万元新上了矿泉水生产线和果汁饮料生产线，并开发出了核桃系列产品，如核桃仁、核桃粉、核桃罐头等。

2006年10月31日，西沟村在省城太原开设的第五家酒店“今绣西沟”大酒店开张，这是“西沟人家”餐饮集团中规模最大、档次最高的酒店。“今绣西沟”大酒店的开张，为西沟及平顺安排了近500名劳动力，成了西沟村利用品牌化经营，打造名牌产品，推动经济发展的成功典范。2011年1月13日，西沟村在省城太原开设的“今绣西沟”大酒店恒山店开业，“今绣西沟”恒山店是一家集餐饮、住宿、洗浴为一体的综合型酒店。

（二）回归绿水青山

申纪兰心底一直有一个绿水青山梦，并且为此奋斗了一辈子。早期西沟走得就是发展农、林、牧的路子，成为全国植树造林的一面旗帜。几十年后，申纪兰在历经市场经济的拼杀后，再次回归到绿色发展的道路上。

2012年冬，申纪兰和西沟人经历了西沟发展史上的一次大“阵痛”。由于西沟铁合金厂炉体小，不符合国家产业政策和环保要求，需要对西沟铁合金厂进行拆除。

今日西沟

这可是申纪兰亲手创办的西沟村第一个企业，它不仅是西沟企业发展起步的象征，更重要的是它能为西沟安排200名剩余劳动力，能带动全村200余户群众脱贫致富。

西沟人想不通。但申纪兰知道，目前的西沟铁合金厂不仅不符合国家产业政策和环保要求，更不符合西沟村发展红色旅游和绿色生态旅游的要求。痛定思痛，申纪兰做通了西沟村党员干部和群众的工作。看着高炉倒掉的那一刻，申纪兰默默地流下了眼泪。这是以习近平同志为核心的党中央提出的供给侧改革的需要，也是西沟村发展方式转变的开始。

2013年3月5日，十二届全国人民代表大会在北京人民大会堂隆重召开，申纪兰再次当选为全国人大代表，成为唯一连任十二届的全国人大代表。全国“两会”一结束，申纪兰马不停蹄回到西沟。她说，贯彻落实“两会”精神，最好的方式是推动西沟发展。

这一年，西沟红色旅游和绿色生态旅游总体规划完成。这一年，总投资2 260万元的西沟红色旅游基础设施建设项目开工奠基。这一年，西沟村先后组建了山西纪兰潞绣工艺品有限公司、平顺县西沟矿业有限公司、西沟丰源生态农庄、平顺西沟龙鼎加固材料有限公司等企业。

2015年，西沟村建起来香菇大棚基地，现在已经发展到80个大棚，这样一亩地的收益要比种玉米强几十倍；同时，还扩大了核桃露生产，进行多品种开发。

2016年，西沟村与浙江太子龙服饰股份有限公司正式签约，成立了山西太子龙服饰有限公司，安排西沟村及周围村妇女劳动力近300人。

2017年，西沟村创新香菇种植方式，采取"棚上发电、棚下种植"的立体化农光互补新模式，在全县率先建成了香菇大棚和光伏发电融合发展的"农光互补"产业基地，探索出了一条"党支部+合作社+基地+农光互补+贫困户"的产业扶贫新模式。

历数西沟村的发展，前后经历了3次创业。20世纪50年代，成立互助组、合作社，植树造林，打坝造地；改革开放以来，兴厂矿，办企业，逐浪市场经济大潮；党的十九大之后又转向发展绿色产业，进行农产品深加工，发展红色旅游和绿色生态旅游。目前，西沟村已初步形成了以核桃露、小杂粮、纪兰潞绣、太子龙服饰为主的绿色产品，以铁矿、石材深加工为主的青色产业和以"西沟""纪兰"名人名村为品牌的红色旅游和绿色生态旅游。今天的西沟，在改革开放和全面建成小康社会的征程上，再一次走在了全市、全省和全国前列。

带领西沟走了这么多年，申纪兰的命运和西沟紧紧地契合在一起，不分彼此。闲暇时候，申纪兰会在西沟逛逛，看看西沟的山和树，看看西沟人民的生活，这些都能勾起她当年热火朝天建设西沟的回忆，对她也是一种慰藉。

二、忠诚——一颗忠心

（一）扶贫助困不止歇

2016年10月，申纪兰荣获全国“脱贫攻坚奖”。

党的十八大以来，党中央对脱贫攻坚作出新的部署，吹响了打赢脱贫攻坚战的进军号。中共中央总书记习近平指出，农村贫困人口如期脱贫、贫困县全部摘帽、解决区域性整体贫困，是全面建成小康社会的底线任务，是党中央作出的庄严承诺。消除农村绝对贫困，是实现我国2020年全面建成小康社会的重要标志。要集中力量攻坚克难，更好地推进精准扶贫、精准脱贫，确保如期实现脱贫攻坚目标。

申纪兰和群众一起学习中央精神

习近平总书记又在多种场合进一步强调，干部是脱贫攻坚的重要力量，贫困群众既是脱贫攻坚的对象，更是脱贫致富的主体。要注重扶贫同扶志、扶智相结合，把贫困群众积极性和主动性充分调动起来，引导贫困群众树立主体意识，发扬自力更生精神，激发改变贫困面貌的干劲和决心，靠自己的努力改变命运。

申纪兰明白，穷困不是社会主义。带领老百姓摆脱贫困，是一个有担当的共产党人的重大责任。她说："脱贫攻坚路上，俺们决不掉队。"

申纪兰很早就很自觉地肩负起扶贫助困的责任了。在旧社会，平顺县西沟村因为土地贫瘠、人口多而耕地少等诸多原因，十分贫穷落后。平顺县成为解放区以后，李顺达和申纪兰带领广大农民战天斗地，硬是在沙滩、荒山和沟沟坎坎的荒芜之地上建造了2 500多亩耕地与2万多亩林地、果园，农、林、牧、副、渔全面发展，村民基本解决了温饱问题。"西沟精神"因此创立。

几十年风风雨雨，地处偏远的西沟有过辉煌，也出现过辉煌之后的沉寂。因为自然灾害的原因，加上家中劳动力的减少，西沟有些农户出现了生活水平明显下降的现象。有位叫张买女的老汉，就是这样的农户。

张买女被称为西沟村最后一位"五保户"。父亲很早去世，张买女一直跟着老娘相依为命。因为聋哑，加上家里穷得叮当响，也就成了西沟新的"五保"对象。

对于这样的贫困人家，申纪兰很早就极为关注。张买女老娘在世的时候，申纪兰就一直让村里对她给予接济，她自己也三天两头地到他家对老人家嘘寒问暖。西沟分田到户以后，张买女的老娘去世了，张买女从此每天饥一顿饱一顿，有一餐没一餐，加上性格古怪，庄稼活儿做的也少，生活就更加困难了。于是只要有空闲，申纪兰就会去张买女家中看望他。为了能够使他家地里庄稼有点收成，申纪兰还动员一些家境宽裕的人家、有劳动力的人家帮助张买女播种、耕耘，好让他多少能够有些口粮。

后来，张买女身体日渐衰弱，一天不如一天。申纪兰只要没有外出，隔两天就会给张买女家挑一担水，还在自己家里做好饭菜送到张买女家去给他。

张买女病危时，申纪兰亲自用木板车把他拉到乡里的卫生院治疗。乡里卫生院说不行了，申纪兰又同村里几个年轻人一道，用拖拉机拉着张买女到县里去医治，请县医院的大夫给他诊断、输液、吸氧。直到生命的最后一刻，张买女毫无血色的脸上显出淡淡的笑意，微弱地点头表达对申纪兰的感激，然后安详地合上了双眼。申纪兰和乡民一起，帮着料理张买女的丧事，送走了西沟的这最后一位“五保户”。

进入21世纪以来，西沟的乡镇企业波折起伏，时好时坏。销量好时，年获利润数上百万元。申纪兰也曾作为著名的女企业家，参加了全国妇联组织召开的女企业家大会。然而，市场紧缩萎靡时，申纪兰带领大家伙虽然使了很大的劲，产品销量依旧不好，生产线时停时开，年终一核算，几无收入。这就迫使西沟铁合金厂一号线下马。原本有了就业机会的西沟年轻人，也只能停工在家百无聊赖地歇着。年轻人哪里闲得住？于是呼朋引类喝酒斗牌打架，玩玩台球再到录像厅泡个通宵。申纪兰经过调查，发现山西省其他地方也存在类似的状况。传统产业的产能过剩，迫使申纪兰和西沟领导人必须转换思路。这样，西沟与著名的太子龙衣业有限公司进行了合作。太子龙公司负责资金、技术、销售，西沟村提供厂房、劳动力和运输。于是，近百名西沟的大姑娘小媳妇和部分男人进入了这家衣业公司上班。集体有了收入，几十户相对贫困的农户也能借此机会在当地就业，共同脱贫致富奔小康……

2008年四川汶川地震，她慷慨解囊，把自己省吃俭用的1.5万元钱捐给了地震灾区。2009年成立了申纪兰扶贫助教基金会，她先后筹集347万元，支助了100多名困难教师，帮助300多名家庭贫困学生上大学。2010年青海玉树地震，她又一次带头捐款2 000元。

为了让西沟村彻底告别贫困，村民人人都能够过上富足的日子，申纪兰又和村干部们商量后，西沟村的扶贫工作又开辟了新战场。先是投资了光伏发电项目，让西沟人用上了清洁能源；接着又建起了香菇种植大棚。香菇的销售价格较高，每公斤*可达20元左右，且市场需求长期保持旺盛，个体种植的成本投入也不大，非常适合西沟村民家庭种植。

不过，种植香菇在中国南方地区相当普遍，可是在中国北方却不多见。申纪兰带领西沟人大胆尝试。村里组织许多村民学习香菇种植技术，发动村民自建香菇大棚。如今，走进西沟村的香菇种植大棚内，数万余个菌棒有序排列，鲜嫩的香菇将菌棒裹得严严实实，担任操作员的村民熟练地将个大、匀称的香菇采摘放入筐中。

为了使香菇种植现代化、规模化，解决村民的后顾之忧，村里还建起了化验室和冷藏库，买来了液体和固体的菌苗接种机、先进的自动化菌棒生产线，为村民们提供技术保障、后勤保障和销售保障……

平顺儿女们在抗日战争和解放战争中立下了卓著功勋。然而平顺因为地处僻远山区，直到21世纪初年，还属于欠发达地区。地处西太行的平顺县，连一条高速公路都没有。而与平顺相邻的河南安阳古城，就乘借改革开放的强劲东风迅猛发展，建起了机场，建起了高铁，早就通了高速公路。

都说“要致富，先修路”。没有高速公路，接不上高铁或动车，就跟不上时代步伐，交通不便直接导致经济发展的滞后，招商引资，发展物流业、信息产业等方面，都受到严重的制约。平顺县的历届领导都很着急，多次向市里、省里写报告，反映本县基础设施建设落后的情况，可就是未能见到实质性的进展。这时候，县里的领导们想到了“平顺一宝”的申纪兰。

连续多年出席全国人民代表大会会议后，申纪兰早就成了全国著名的新闻人物，很多人赞誉她是全国人民代表大会代表中的明星。山西省、长治市乃至平顺县的许多领导，也将申纪兰看成本地区的一张亮丽名片。县里领导们想到该把申纪兰这杆大旗亮出来，如果请申纪兰出面跑一跑高速公路的项目，应当很有分量。他们便将想法告诉了申纪兰。申纪兰觉得，这是为平顺人民办好事

* 公斤为非法定计量单位，1公斤＝1千克。——编者注

办实事，能够造福千万平顺百姓，这样的事她当仁不让。申纪兰很乐意地答允了此事。

山西省和长治市有关部门做相应的安排后，申纪兰同几位相关人员一道进京，直接到了交通部，汇报平顺建造高速公路的大事。

交通部的领导事先收到长治市与山西省交通厅的函件，因而十分重视。这一天，交通部的机关大院拉上了一条横幅："热烈欢迎申纪兰同志莅临交通部指导工作"。交通部的几位领导恭候在办公大院里列队鼓掌欢迎。申纪兰见到如此隆重的场面，十分感动。她原本是来汇报请示工作的，交通部的领导竟然如此隆重，这让申纪兰心里多少有些不安。可是交通部的领导说，申代表都80多岁了，还在为家乡建设高速公路的事情奔跑，这种精神实在感人，不给予高度重视怎么能行！

申纪兰从长治平顺是革命老区说起，谈到原先基础设施建设的严重落后，又谈到老区百姓的期待。交通部领导当即表示，材料留下，尽快安排专家前往长治平顺考察，尽快进行立项，尽快解决高速公路平顺段的建设问题……

其后，平顺县委、县人民政府和施工方大力配合，经过几年奋斗，平顺连接至安阳古城的高速公路很快贯通了。申纪兰尤其高兴。她上北京开会，有了新的路径，可以从平顺乘车上高速公路到达安阳后，再乘坐高铁，两个多小时就可以直达首都北京……

申纪兰，一个农民，始终不离开土地的农民，她的心酸和她的甘甜，她的获取和她的失去，她的艰辛和她的荣耀，全部来源于故乡的土地，和她扎根土地上的辛勤劳动。她永远不离开土地，不离开西沟，她从西沟这块养育了她的土地上获得源源不断的力量。她带领西沟人，在通往共同富裕的康庄大道上奔跑着，奔跑着，永远不肯停下来歇息……

（二）我对党是一颗忠心

在申纪兰的家里，有两面墙上挂满了大大小小的照片，有的照片因为年代久远而发黄，有的则是近些年才陆续添加上的彩色照片，但上面几乎全是老人与各级领导人的合影。这满墙的照片就是一部新中国的历史，因为人们熟悉的国家领导人几乎都在其间。它们是申纪兰最宝贵最温暖的财富。

申纪兰多次面见过伟大领袖毛泽东主席，也多次见到了敬爱的周恩来总理。那样的荣耀，鞭策着她孜孜不倦地奋力前行，也是激励她不断地克服困难战胜困难的强大精神动力，甚至在申纪兰的内心深处留下了人格化的印记，毕生不变。只要想到伟大领袖毛主席，申纪兰浑身就有使不完的劲，再多的矛盾也能去解决，再大的困难也能去克服，再高再险的山峰也能去攀登……

申纪兰见到中国共产党第二代领导人邓小平，是在全国人民代表大会会议上。邓小平与申纪兰亲切握手，邓小平说："贫穷不是社会主义，只有发展富裕，才能显示出社会主义制度的优越性。"申纪兰谨记这一教诲。她借此机会，向邓小平简约汇报了山西平顺西沟，当年小平同志和刘伯承带领八路军浴血奋战的太行山下一个小村，如今实现集体经济向联产承包责任制转型的可喜变化……邓小平频频点头。后来，申纪兰同邓小平等国家领导一道合影留念。

江泽民说："山西的平顺西沟是个老区，我知道；西沟有一个老劳模申纪兰，我也知道，还同她一道合影过。申纪兰同志几十年如一日坚守乡村、坚持劳动的事迹，感人至深啊……"

1996年春天，第八届全国人民代表大会第四次代表大会在北京召开。江泽民主席兴致勃勃地来到山西省代表团参加讨论，他见到申纪兰后，同她热情握手，并且专门点名听取了申纪兰关于农业、农村、农民之"三农"问题的发言。申纪兰抓住机会，运足底气亮开嗓子，认真地汇报西沟村的情况，谈她的感受，谈她的见识，谈她的建议。江泽民主席认真听取，时不时地还在笔记本上做了记录。会后，江泽民主席同申纪兰等代表合影留念，鼓励她再接再厉，再创新业。

2009年5月，时任中共中央政治局常委、中央书记处书记、国家副主席习近平到西沟村看望了申纪兰，并与西沟村老党员、老劳模和村民代表等座谈。习近平说，申纪兰的劳模精神，需要好好总结和发扬。

申纪兰和全国劳模武侯犁（左一）、郭玉恩（左二）在一起

2009年10月1日，是新中国诞辰60周年纪念日。申纪兰被评为“建设新中国100位感动中国人物”之一，在北京人民大会堂受到时任中共中央总书记、国家主席胡锦涛以及其他中央领导人亲切会见。胡锦涛和申纪兰亲切握手，合影留念。

2010年3月10日，申纪兰在梅地亚中心接受了德国世界报和德国广播电台记者的采访。不论对方的问题如何犀利，申纪兰始终沉着应对、从容对答。采访结束后，德国世界报记者约尼·埃林以一种敬佩的口气赞叹：“她始终如一的坚持给我留下了深刻印象，她是一个有信仰的坚强女性。”

有记者问她：“如果用一个词来形容您这一生，是什么？”申纪兰回答，

"忠诚！共产党这些年走得不容易，我跟着党走也不容易"。她的"忠诚"是无可置疑的，这份忠诚已经融入了她的生活、工作和血液中。在面对各种赞美和质疑时，她曾有一句被广为流传的话："没有在旧社会活过的人，很难理解我心中的恩情，也不会想到我们这个国家是怎样走过来的。"这种忠诚观值得我们学习。

第七章　修为与价值

> 太行精神光耀千秋，纪兰精神代代相传。
>
> ——习近平

一、修为——思想境界

申纪兰始终保持着节俭、朴实、平易近人的农民本色，外表与内在都一样，曾有人评价她是“不变的齐耳短发，不变的深蓝布套装，不变的朴实低调，不变的为民情怀”。

（一）申纪兰的权力观

1973年3月，中共山西省委决定，任命申纪兰为省妇联主任。在这个正厅级职位上她干了10年。这10年间，她坚持“不转户口，不定级别，不要工资，不脱离劳动，不脱离西沟”。

当时，山西省妇联刚恢复工作，会议比较多，申纪兰要经常折返于西沟与太原之间。刚开始，妇联的司机就把车开到西沟，在地头等申纪兰。申纪兰觉得太浪费，来回跑费车和人力。就向司机提出不用来接，而是自己去搭车。司机很为难，申纪兰就在会上强调：“有会提前通知我就行，不要再派车来接，要不我就不来开会了。”妇联的同志说：“申主任，您是解放妇女的楷模，有您在妇联坐着，我们心里踏实。您来妇联工作，每件事都问清楚了，才让大家一起做决定，您可不能不来啊。”

在申纪兰的强烈要求下，妇联不再派车，每每有会，申纪兰都自己搭乘公共交通，自己感觉很轻松。她说：“派个车需要花几十元的油钱，坐班车三五块钱就够了，县里也没钱，省一块算一块吧。”

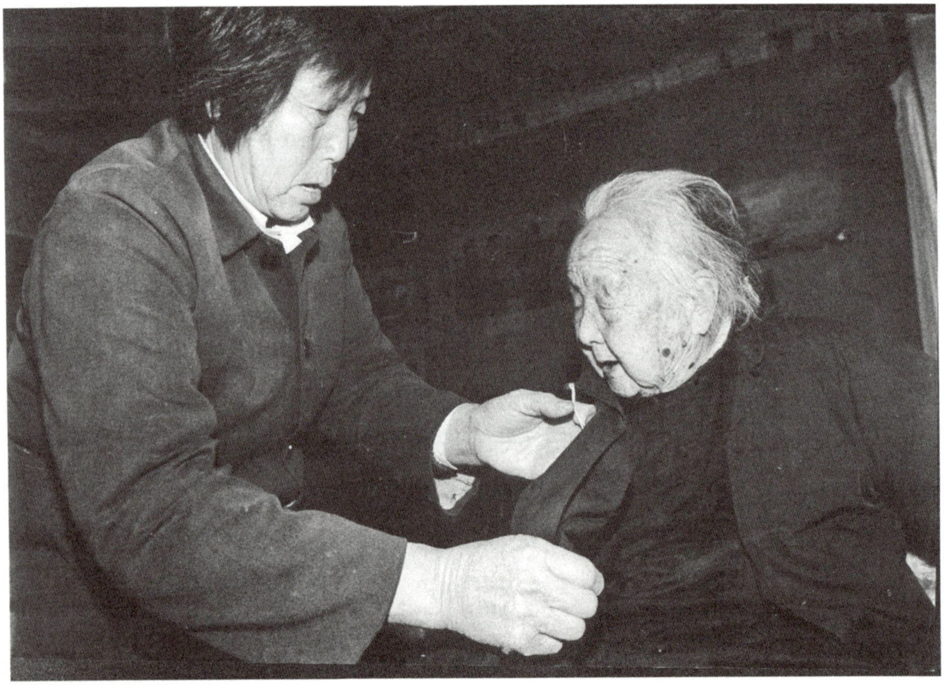

申纪兰照顾双目失明的婆婆

1983年，申纪兰卸任山西省妇联主任，上级又要她当长治市人大常委会副主任，又是一个地市级干部。从1983年当选到2017年卸任，申纪兰整整当了35年的长治市人大常委会副主任。申纪兰有经验了，一直坚持“五不”原则。

时任山西省委书记李立功对卢功勋（时任山西省委常委、组织部部长）说：你去西沟看看申纪兰吧，她在省里工作了10年，现在退下来了，可没有向省委提任何要求，你去了以后，看看纪兰大姐有什么困难，让她提出来，我们尽量给予解决。

遵照李立功书记的指示，卢功勋来到了西沟村，把李立功书记的话原原本本告诉了申纪兰。申纪兰却说："我没有任何困难，党已经给的我太多了，我给党做得太少了。感谢省委、感谢李立功书记的关心，我一定会好好工作的。"

卢功勋看到了申纪兰的执着，知道她绝不向组织张口和伸手，临走时对长治市委领导说，希望长治市委给申纪兰解决一下户口和工资问题，最起码有份工资可以安度晚年。

这次申纪兰仍然没有答应。最终，长治市委还是没有"熬"过申纪兰，组织上答应了她的那些"条件"。后来申纪兰回村被村里人称为"裸回"。时至今日，申纪兰谈及往事仍然坚持她的认定："我是太阳底下晒出来的，不是办公室里坐出来的。我的户口在农村，我的单位在西沟，我的身份是党员，我的级别是农民。"

2017年3月，长治市召开第十四届人民代表大会第一次会议前夕，老劳模申纪兰找到了市委领导，希望市委领导向省委反映，在考虑市人大班子换届提名时，不要再考虑她了，希望更多地考虑年轻干部。市委领导非常重视申纪兰的这一提议，专门到西沟听取申纪兰的意见，申纪兰还是果断地坚持自己的想法和要求。后来省委、市委经过研究，答应了老人家的这一提议。

当年，申纪兰参加各种会议活动较多，机关常要代她填表。那时她从省到县已兼有多种职务，有各种头衔，但她每次都要叮嘱工作人员："前面那些填不填都行，党总支副书记这个职务一定不要落下。"

"党总支副书记这个职务一定不要落下"。申纪兰不忘本，她笃定要做地地道道的西沟人！风来雨去多少年，她坦然面对位子的变化，无言地书写着一个共产党人的权位观。

农民科学家吴吉昌晚年来看望申纪兰时十分动情："小妹呀，你要不好说，我给你说说，让他们给你个官，离开这个地方吧。"

申纪兰却说："吴大哥，不是西沟离不开我，是我离不开西沟呀。"

这的的确确是申纪兰的一句大实话。申纪兰就是申纪兰，就像一苗庄稼，就像一株大树，她是不可能离开西沟的土地而生长的。

泥土就是申纪兰的生命之源，成长之根。

（二）申纪兰的金钱观

世界上有不爱钱财的人吗？有。申纪兰就是其中的一个。

1987年，西沟村开始筹建铁合金厂。浙江温州的一个推销员找申纪兰推销铜线，说可以给她30%的回扣。申纪兰回答："那不行"。推销员以为纪兰嫌回扣少，就又掏出厚厚一沓人民币放到纪兰面前说："这也是你的，成交吧！"申纪兰对推销员说："你走吧，不能和你这种人打交道"。推销员措手不及，忙解释："现在都时兴这个。"申纪兰回答得更干脆："谁说的，我就不这样！"推销员没招了，最后压价40%，把铜线卖给了西沟硅铁厂。十多天后，申纪兰收到了那位推销员的一封致歉信。信中写道："您是共产党员，我也是共产党员，但您才是真正的共产党员。"

1994年8月28日，时任中共中央政治局常委、国务院副总理朱镕基坐在申纪兰家的炕沿上对申纪兰说："纪兰，我知道，你从来没有利用自己的荣誉谋过私。"

有许多单位诚邀申纪兰去讲传统、作报告。部分单位按例要给申纪兰讲课报酬。申纪兰认为，对青少年进行爱国主义教育，对党员进行党性教育，对群众进行法制教育和传统教育，是一个共产党员应尽的责任。

近几年来，各级党委和政府对申纪兰的表彰奖励，有的是精神的，有的是物质的，申纪兰毫无例外地都捐献给了集体。

2001年6月，申纪兰荣获保护母亲河（波司登）奖，并获奖金2万元。申纪兰回来后，正赶上村里打井缺少资金，就把2万元捐出来打了井。

2001年7月1日，申纪兰被中共中央组织部表彰为全国优秀共产党员，申纪兰把中组部奖给她的5000元现金，又一分不少地交给了集体。

2009年，申纪兰当选全国道德模范，中宣部发给她5万元困难补助，这钱申纪兰也捐给了村里。

申纪兰对待金钱有自己的看法，她说“金钱就像水一样，缺了它，会渴死；贪图它，会淹死。”

对待金钱，申纪兰始终如一。早年，申纪兰赴丹麦参加世界妇女大会，结束出国行程之后，一回到西沟农业合作社，就将出国穿的那些衣装行头全部脱下，塞进柜子里，再也没有拿出来穿过一次。她回来后立即就回归一个农村妇女的原本角色，穿越在绿浪翻卷的麦地和山林之间，一日一日不停顿地劳作耕耘。她还把代表团发给的误工补助费，共计旧币40万元全部上交，自己分文不留。

不恋权势，不慕金钱，申纪兰一生都抱有一颗纯真的赤子之心，这也是她的不平凡之处。

二、价值——纪兰精神

2009年5月，时任中共中央政治局常委、中央书记处书记、国家副主席习近平到西沟村看望了申纪兰，并与西沟村老党员、老劳模和村民代表等座谈。习近平说，申纪兰的劳模精神，需要好好总结和发扬。“太行精神光耀千秋，纪兰精神代代相传”，这是习近平对申纪兰的评价。

近年来，中共山西省委、中共长治市委和中共平顺县委曾先后发出向申纪兰学习活动的决定，号召全省、全市、全县广大党员干部深入开展向申纪兰同志学习活动，现摘录部分如下。

1992年8月10日，中共平顺县委作出《关于向申纪兰同志学习的决定》（以下简称《决定》）。《决定》号召全县人民深入学习申纪兰同志坚定不移的社会主义信念；奋斗不息的艰苦创业精神；廉洁奉公的人民公仆本色；不脱离劳动和群众的优良传统作风。

1993年6月22日，中共山西省委组织部、宣传部联合作出《关于开展向优秀共产党员申纪兰同志学习的决定》。号召全省各级党组织和广大党员，要学习申纪兰同志忠诚地实践党的基本路线，对共产主义坚信不疑，走社会主义道路坚定不移的高度政治觉悟；要学习申纪兰同志坚持改革，锐意进取，始终带领群众实现共同富裕的强烈责任感和使命感；要学习申纪兰同志自强不息，艰苦奋斗，始终把工作放在自己力量的基点上的创业精神；要学习申纪兰同志廉洁自律，无私奉献的高尚品德；要学习申纪兰同志艰苦朴素，密切联系群众，永不脱离劳动的优良作风。

90岁高龄的申纪兰依然喜欢下地劳动

2000年8月11日，中共长治市委作出《关于开展向申纪兰同志学习的决定》。在全市广大党员、干部和群众中，深入开展向申纪兰同志学习的活动。《决定》号召要学习申纪兰坚定不移的社会主义信念；学习她艰苦创业，不断攀登的顽强意志；学习她心系群众，不脱离群众的优良作风；学习她廉洁自律，无私奉献的崇高追求。

2005年7月27日，中共平顺县委保持共产党员先进性教育活动领导小组作出《关于组织学习〈信念的力量——著名劳模全国人大代表申纪兰访谈实录〉的通知》。要求全县各基层党组织要大力弘扬纪兰精神，永葆先进性。号召学习申纪兰，就是要学习她忠于党忠于人民的坚定立场；学习她矢志不渝的崇高理想信念；学习她自强不息、艰苦奋斗的创业精神；学习她解放思想、与时俱进的时代精神；学习她无私奉献、淡泊名利的高尚情操；学习她艰苦朴素、密切联系群众不脱离劳动的优良作风。

2007年3月22日，中共山西省委作出《关于开展向申纪兰同志学习活动，加强党员干部作风建设的决定》。肯定她几十年如一日，牢记党的宗旨，忠实实践毛泽东思想、邓小平理论和"三个代表"重要思想，认真贯彻落实科学发展观；以高度的责任感和强烈的事业心，脚踏实地，勤奋工作，始终保持同人民群众的血肉联系，始终代表人民群众的根本利益，始终反映人民群众的愿望，始终紧跟时代前进的步伐，始终保持共产党人的政治本色，充分体现了共产党员的先进性，为全省广大党员干部树立了榜样。时任山西省委书记袁纯清说："申纪兰作为正厅级干部，保持了人民本色，这是我们的骄傲和自豪。"

2009年9月10日，中共长治市委作出《关于向申纪兰同志学习，永葆党员先进性的决定》。号召广大党员干部，要学习她无限忠诚、心怀感恩的爱党精神；学习她淡泊名利、永葆本色的奉献精神；学习她不怕吃苦、开拓进取的创业精神；学习她以身作则、带头实干的先锋精神；学习她植根于民、赤诚为民的公仆精神。

2013年8月21日，中共长治市纪律检查委员会印发《关于深入学习纪兰精神进一步加强作风建设活动的实施方案》（简称《方案》）。《方案》提出了申纪兰精神的“四个始终”，即：始终牢记党和人民教诲；始终保持艰苦奋斗本色；始终争做无私奉献表率；始终甘当清正廉洁楷模。

“每天我都要瞧瞧新闻，不学习怎么跟党保持一致呢？”申纪兰保持着看新闻，抄记党和国家重要政策理论的习惯，她已经抄完了“三个代表”重要思想和科学发展观，还抄记了习近平的系列讲话。她并不是做给外界看的，而是真心想提高自己的认识水平。

申纪兰虽已高龄，但仍每天让自己忙碌着，除了有时开会，她还会下地干活。“我一直这样忙也不累，不忙了我就不在了。”她愿意让自己忙碌起来，她不愿意坐下来休息。在她的潜意识里，人活着就是要劳动。

在新的时代下，申纪兰的人格魅力更加凸显，纪兰精神的价值越来越为更多的人所珍视。

PART 3

第三部分

纪兰趣事

第八章　公众面前的趣事

一、妙语连珠答记者问

有一次全国“两会”期间，一位德国记者采访申纪兰，言辞犀利且针对性强，申纪兰不卑不亢，沉着淡定，被传为佳话。

记者：“你当时是怎么被选上代表的？”

申纪兰：“经过民主选举，谁能代表人民利益就选谁当代表。”

记者：“那时你做什么工作？”

申纪兰：“我当时在西沟做妇女工作，第一个提出并实现了‘男女同工同酬’。这都要感谢共产党。以前旧社会看不起妇女，都说‘好女不出院’。现在我们有了女省长、女市长、女企业家，妇女在政治上、经济上都与男子享有平等的地位。”

记者：“你现在说男女平等，但是人大代表中只有百分之二十是妇女，并没有完全平等！”

申纪兰：“这个问题我是这么认为的，拥有平等的地位，不一定有一个男代表就非得有一个女代表。人民代表代表人民，谁有能力，人民选谁，谁就当，这同样是平等。”

记者："你当了代表，家里还有地吗？你还种地吗？"

申纪兰："家里有地，都是按人口比例分配的。我没有搞特殊。我是一个劳动模范，不劳动怎么能当劳动模范？作为人民代表，只有跟群众在一起，跟大家一起劳动，才能知道群众想什么、说什么，才能把群众的建议反映上来。"

采访结束后，这位德国记者盛赞申纪兰是一位对共产党有着深厚感情的、有着坚定信仰的坚强女性。

二、走过国门

1953年，对申纪兰来说，是一个很特别的年份。

这一年，她光荣地加入了中国共产党。

这一年，她出席了在北京召开的第二次全国妇女代表大会，当选全国妇联执行委员会委员，见到了敬爱的毛主席。

争取妇女权利及世界和平世界妇女大会期间，中国代表团部分成员的一张合影。申纪兰（右一）身穿长袖旗袍，脚穿平跟皮鞋，肩背坤包

这一年，她还当选为妇女代表，出席了在丹麦首都哥本哈根举行的争取妇女权利及世界和平世界妇女大会。

在西沟展览馆里，有3张申纪兰参加争取妇女权利及世界和平世界妇女大会时的照片，一张是参会的各国妇女代表在一起的合影，一张是中国妇女代表团全体代表在哥本哈根克里斯蒂安堡广场的合影，另外一张是申纪兰参会时的特写照片。

从照片上可以看到，当时年仅23岁的申纪兰梳着一头非常流行的香蕉头，身着旗袍，黑色皮鞋；她黑黑的眉毛，红红的嘴唇，健康的气色，十分漂亮，这身装扮是我国著名电影表演艺术家田华为她梳妆打扮的。

1953年，申纪兰作为中国妇女代表团唯一的农村劳动妇女代表随团出访丹麦，参加争取妇女权利及世界和平世界妇女大会

1953年4月，申纪兰作为全国妇女代表大会的代表，赴京参加了第二次全国妇女代表大会。尽管从西沟去北京时刻意打扮了一番，但夹袄夹裤以及蓝色的掩襟布衫和宽大裆裤，使大家明显感到了申纪兰的与众不同。北方的4月，仍然寒意袭人，此时的申纪兰，还绑着腿，显得特别土气。当时的山西省妇联主席黎颖认为，申纪兰虽然代表山西农村妇女形象，但这身打扮还是不合时宜，于是就拿出了自己一身最宽、最大的外套让申纪兰换上，尽管不得体，但总比原来的好看多了。

会议结束后，申纪兰又当选为争取妇女权利及世界和平世界妇女大会的代表。这次，申纪兰可不仅仅是代表山西农村妇女，更重要的是代表中国和中国的妇女形象，况且这次出国也是中华人民共和国成立以来，第一个正式的中国妇女代表团体在国际舞台上亮相，其意义非同寻常。

1953年5月中旬，申纪兰又来到了北京。服装不用操心，每个人从头到脚，从里到外所有的衣着、饰物都由国家来负担，其他方面的外交礼仪，如站、立、坐、走，待人接物等都有专门的培训。唯一难倒申纪兰的就是妆容，作为一个从山沟沟里走出来的农民妇女代表，申纪兰的大部分时间都用来琢磨农活，因此，如何盘头化妆，对申纪兰来说，简直比登天还难。

正在申纪兰发愁的时候，代表团中的其他人都很热心地帮助她，特别是著名电影表演艺术家田华，对申纪兰十分关心。田华热情而又积极主动地去帮助申纪兰，一丝不苟地为她化妆。2007年夏，田华到西沟来看望老劳模申纪兰，谈起为申纪兰出国化妆时，她说，第一次给申纪兰化完妆，大家集合开预备会时，有几个代表竟然没有认出申纪兰来。中国妇女代表团团长李德全还开玩笑地说："没想到西沟来的这个小姑娘竟然长得这么漂亮。"

到了哥本哈根，申纪兰脱去了当时在农村时妇女穿的大裆裤和大襟衣，换上了旗袍。穿上旗袍和皮鞋，这可难住了走惯了山路的申纪兰，扭扭捏捏总不知道该怎么走，所以当她看到没人时，就赶紧把旗袍的下摆拎起来，大步流星地跑几步，当看到有人时，再赶紧放下来慢慢走。

申纪兰回忆第一次走出国门，参加丹麦世界妇女大会

直到今天，老劳模申纪兰每每回忆起这件事，都会忍不住哈哈大笑。

第九章 工作中的趣事

一、“有人”与“没人”

20世纪50年代，申纪兰召集妇女一起开会，商量集体锄麦的事情。结果，全村24个妇女来了23个。申纪兰给妇女讲了靠劳动解放自己的好处，还讲了去县里学习到的精神，但到最后一说到锄麦，愿意试一试的只有7个人。申纪兰让其他人表态，这些妇女反过来难住了她。有一个妇女说：“你把下地说得那么好，可你咋不去动员李二妞呀？你要能让李二妞下地，我们就都下地！”李二妞50多岁，嫁到西沟40多年了，是唯一一个没到会的妇女。论辈分，她是申纪兰的婶子。李二妞大门不出，二门不迈，一年半载想见她个面都不容易。她丈夫秦克林管得严，经常打李二妞。这一家是真的很难缠，申纪兰知道这是妇女们给她出的难题。被逼到了死角，申纪兰还是硬着头皮答应了。

第二天，申纪兰来到秦克林家，屋里听不见个声气。申纪兰站在院子里喊：“家里有人吗？”李二妞在里头答：“没人。”

回忆到这里，申纪兰忍不住叹了口气，“你说明明她就是个人，她还说没人，以前的妇女就是这样，只要男人不在家，就当自家没人。妇女在家里没地位，在社会上能有什么地位？”

在申纪兰的劝说下，第二天，李二妞扛着锄头下地了。申纪兰让李二妞紧挨着自己，带她一起锄。刚开始李二妞锄得很慢，申纪兰就对李二妞进行劝说，直到把她说动。锄到天黑，别人锄两垄，她也能锄两垄。

当天晚上，申纪兰特意让村里广播员在喇叭里表扬了李二妞。

二妞听了广播，高兴地跑到申纪兰家说："劳动就是好，明早我保证第一个到。"

第三天一早，那些给申纪兰出难题的妇女全都来了。妇女们大多心灵手巧，她们用3天的时间，锄完了35亩地。

在申纪兰的带动下，第二年春耕总结评比时，全社评下的16个劳动模范中，妇女占了六个。随着男女同工同酬的实现以及妇女对自身地位的觉醒，"有人"与"没人"的问题在西沟村不复存在，妇女在西沟村成为堂堂正正的"人"。

二、为申纪兰买车

申纪兰是全国劳动模范，曾官至正厅级。在别人看来，车子、房子、票子对申纪兰来说应该是应有尽有，但申纪兰却做到了"四不"，即：不定级别，不转户口，不坐专车，不领工资。

1983年，申纪兰卸任山西省妇联主任职务回到了西沟。组织上考虑西沟的实际情况及申纪兰的地位、影响和作用，又推荐她担任了长治市人民代表大会常委会副主任。

西沟地处太行山区，交通工具是个大事情。申纪兰在长治任职多年，她依然住在西沟。她需要参加会议，又要出差，长治市人大提出为她配一辆专车，每一次都被申纪兰婉言谢绝了，她说，自己的主要工作在西沟，能走能动，配什么车。

自从1945年骑着毛驴走出大山，出席第一届全国人民代表大会，直到以后为西沟、为群众、为工作常年奔波，申纪兰坐班车、搭顺车、坐拖拉机、骑自行车，多少回，多少趟，从不觉得苦，从不觉得累。

1994年，山西省计划委员会领导班子和机关干部来西沟参观学习，看到申纪兰坐着一辆破旧的吉普车陪同她们，感到很惭愧。于是，他们回去后，就集体研究决定给申纪兰拨专款配一辆桑塔纳轿车，但直到1996年，申纪兰仍然没去买车，后来车要涨价，计委通知说，如果再不去买车，涨价的钱就不好解决了。西沟乡党委和西沟村委会领导几次动员她先把车买回来再说，她仍然不同意。最后，乡里和村里就瞒着申纪兰，悄悄把桑塔纳轿车先买了回来，并以市人大的名义上了户。

车开回来了，申纪兰便让锁到了村委会的车库里，而且一锁就是4个月。其间许多人跟她说："开回来就坐吧，不坐到期新车也要报废。"申纪兰仍然无动于衷。一次乡里和村里接待一位重要的客人，跟她说要把车开出来用一用，她才勉强答应把车开了出来，但她定了个原则："不能用公车办私事。"就是申纪兰自己外出开会、办事，也是自己掏钱加油。

1997年，申纪兰的亲侄女出嫁，小叔子请她借车送亲，没想到她竟然没有答应。她说："侄女是自己人，不能破这个规矩。"小叔子知道她什么意思，只好花钱雇了个车。

10多年来，申纪兰用车跑了不到5万公里。2004年，市人大从申纪兰的安全考虑，在没有经申纪兰同意的情况下，收回了那辆旧桑塔纳，为她配置了一辆新车。后来申纪兰又把那辆旧桑塔纳要回来，给了县人大，说："县里穷，也没有钱买车，将就将就坐，能省一个省一个吧。"

第十章 生活中的趣事

一、论“先进”

申纪兰很早就与西沟村的张海良定了亲，只是张海良在前线抗战，申纪兰在后边劳动支前。

有一阵子，山南底村的支前任务繁重。每天天一亮，申纪兰就到村里的纺线土坯屋里，就着依稀的天光，开始纺线。转眼天气凉下来了，村里又安排大家伙儿去纺棉花。纺棉花之前先要捆扎棉絮，这可是需要点力气的活。申纪兰二话不说，站起身跟着村长就去捆扎棉絮，忙得一身汗湿，也不肯歇一歇喘口气，摆好架势就纺起了棉花。任务刚刚完成，村长又发动妇女们给公家纺羊毛。纺羊毛有讲究，比纺线、纺棉花要难得多，手捏得紧了丝线抽不出来，手捏得松了就会起球断线。申纪兰是不服输的脾性，她静下心沉住气，不急不躁，认认真真跟着村里纺羊毛最拿手的一位大嫂学，毕竟是年轻姑娘，脑筋灵光，勤练多问，很快便掌握了纺羊毛的诀窍，成了村里纺羊毛的一个能手。

支前的任务一项接一项，忙得村人们头顶冒烟连轴转。没多久，村里又组织大家伙儿为部队上缝制军服、汗衫、布袜子。申纪兰理所当然地又是踊跃参加，成了村里年龄最小的缝制能手。

在紧张而充实的支前劳动中，申纪兰突然收到消息，张海良从部队上赶回来，要和申纪兰完婚。申纪兰听说后，觉得张海良思想不先进，觉悟有问题。这些日子里，她常常从村干部口中听说，最近部队上战斗任务十分频繁，八路军、武工队、民兵同日伪军不断地缠斗厮杀，大大小小的战场一处处四面铺开。她就有些个担心：前方战事那么紧张，张海良咋就说回就能随便回呢？再说，倘若成亲办喜事，张海良还不得耽搁许多日子啊？或者是，张海良不愿吃苦打仗，故意躲回家来享清福？甚至张海良是开了小差，当了逃兵？

一向把名誉看得比生命更重要的申纪兰，当天就跑去找到村长，拜托村长给打听个明白。平顺革命老区的人们，普遍都有着很强的荣誉感和责任感，尤其是在这战争年代，警惕性也相当高。村长觉得申纪兰的担忧不无道理，事关重大不能儿戏，马不停蹄地就报告给区里和县里，请求上级协助查个清楚，也好让纪兰安安心心地完婚。

次日，西沟村的村长领着县里民政科的同志亲自来张海良家里了解情况，问了张海良一些问题，又请张海良把他在部队上开好的请假条拿出来看个究竟。张海良觉悟比较高，明白抗战形势如此紧张，地方上同志有疑问，是很正常也很应该的，他非常理解、配合。他拿出部队上的准假条，待县民政科干部确认无误后，才告诉他们，说他自己一心惦记着抗日杀敌，其实压根儿不想这么早成婚。可家里爹娘年岁都很大了，尤其是老娘体弱多病，怕熬不到那一天，就想早点儿抱上孙子，老爹因此三天两头去信，催着他早早抽空回老家完婚。甚至还给部队领导都写了信诉说。恰好这些日子部队刚刚打完几个胜仗，可以有一小段时间的休整和补给。部队领导考虑到张海良年岁也老大不小了，况且他那待过门的媳妇儿，听说还是个四乡闻名的抗战支前积极分子，就特批给张海良10天假期，准许他回家迎娶新人，也为了革命事业后继有人。县民政科干部弄清了原委，还跟部队上做了核实，然后马上将这一真实情况转告山南底村的村主任和申纪兰，申纪兰这才心中一块石头落了地。

婚前，申纪兰跟张海良说：“现在大家都忙着支援前线打仗，我们结了婚你就回吧，这个你要答应我。”张海良答应了，并且结婚后就赶赴了前线。为了祖国的发展，夫妻之间是聚少离多，却毫无怨言。

二、房子的故事

2005年，申纪兰住了30年的3间平房再也不能住人了。邻居要重盖房子，申纪兰和邻居共用一堵墙，也只能重新盖房。

有人提议让纪兰换个地方建新房。说一来面积小，基础只有3间房；二来想留下老房子，将来做个纪念馆。

申纪兰坚决不同意。换地方就要占耕地，那是她最心疼的事；至于纪念馆，就更没必要。她说：“周总理把骨灰都撒了，我一个老百姓还留房子做啥？”

拆旧房那天，村里的人都来了，刮砖的刮砖，整理的整理，院子里站满了人。申纪兰就说：“你们都该忙什么忙什么吧，这里用不了这多人马。”大家就喊说：“你平时没个事，现在修房盖屋了，也该让我们尽心了。”乡亲们都觉得平日老是麻烦申纪兰，这回总算有了报答的机会，多少也该为她出把力。申纪兰却不肯连累大家。她找了一个省事办法——一包了之。

备料时，党总支、村委会考虑到申纪兰带领大伙栽了那么多树，特批申纪兰可以上山砍檩条和椽，而且象征性地出个钱就可以了。但申纪兰坚决不同意。她说：“我栽了那么多的树，还不能用一棵？能，但在西沟山上栽活一棵树多不容易呀。再说，咱当干部的，还能带这个头？群众盖房需要可以去找几根，干部却不能砍，干部一砍，那就乱了。这些年我遇到多少事，看过多少人，当一个干部，10件事有一件没办好就有闲话，说啥的都有，听不下也得听，硬咽呢。要做一名合格的党员干部，可真不容易啊！这就得问问自己是怎么当上这个干部的，人民选的，不能违背党的原则，做了干部，责任也一样大。”

申纪兰坚决自己出钱买檩。她到长治木材公司去买料，公司领导知道是申纪兰要买，就大手一挥："申主任你随便挑，一律给你打折。"申纪兰一听就不高兴了："咱该怎么是怎么，我来这里是图个料好，可不是为了省钱。"

搬家时，来了不少人。其中一些人心存好奇，想看看这个"国宝"家里究竟有些啥宝贝。但让人大失所望的是，除了几件旧家具和一大堆照片外，什么也没有。

房子的故事，还不止这些。照理，申纪兰应该不缺房子。1973年，申纪兰在省妇联当主任时，组织上分给她一套房子，她看到单位一位想结婚的年轻人没房子，就主动让给了这位年轻人。她自己一直在办公室里住着，一张床一副铺盖整整用了10年。1987年，长治市人大也考虑给申纪兰解决一套住房，同样被她拒绝了。而当时申纪兰的子女们还都没有买上房子，都是在外面借租他房，多么需要一套房子啊，但申纪兰却没有因自己的职务为孩子们要下这套房子。

PART 4 第四部分

众说纪兰

劳动就是解放，斗争才有地位

——李顺达农林畜牧生产合作社妇女争取男女同工同酬的经过*

蓝 邨

“咱怎样劳动也显不出来”

山西省平顺县西沟村是全国知名的先进村，是著名劳动模范、中共西沟村支部书记李顺达领导的村庄。这个村庄的生产成绩特别好，人们的思想觉悟也在不断提高，干涉妇女婚姻自由、打骂妇女的事早就没有了。但是，就是在这样一个先进的村子里，在去年①以前，妇女在家庭里以及在社会上的地位，和男人还是相差很远的。就说在家庭里吧，妇女穿衣服要向公婆、丈夫要；新媳妇过了门，3年以后每年才给八尺②布；至于吃食，向来是男人吃好点，女人吃坏点。李顺达农林畜牧生产合作社副社长申纪兰的婆婆就常常对她说：“纪兰呀，咱们全指靠你爹过呢，好的让他吃，咱吃赖点吧。”西沟村自从新中国成立以后，十多年来，妇女们虽然都已参加农业劳动，但参加主要劳动的还是少数。多数妇女只是在秋收农忙时折折玉茭③或在地里做些杂活。在互助组里，妇女们做了多少活也没人计算过，习惯是两个女工顶一个男工。妇女在劳动方面既得不到同等的机会和待遇，在家庭里和社会上的地位，自然就不如男人了。这种情况，在1952年一年里，经过申纪兰发动妇女参加农业主要劳动、进行争取同工同酬的斗争，才彻底改变过来。

李顺达农林畜牧生产合作社是在1951年冬天成立的。到1952年，生产的范围和分量比过去任何一年都扩大了。如果不发动占全社半数以上（全社男劳

* 原载于《人民日报》1953年1月25日第2版。

① 去年为1952年。——编者注

② 尺为非法定计量单位，1尺≈33.3厘米。

③ 玉茭为玉米。——编者注

力22个，女劳力24个）的妇女参加主要劳动，增产计划就不能完成。1952年春天，社务委员会决定让副社长申纪兰去发动妇女参加农业主要劳动。但工作一开始，就碰到了许多困难。互助组组员张志秀听说妇女们要参加主要劳动，见到合作社的妇女就说："看透你们了，起不了大作用。"上了年纪的妇女们说："妇女离不了'三台'（锅台、炕台、碾台），咱怎能参加主要劳动！"许多妇女认为参加主要劳动要有技术，怕自己没有技术吃不开。年轻的妇女们积极些，因为社里是以劳为主分红，她们很想多做些活；但她们不满意做多少活都是只顶"老五分"，而且把工分都记在家长名下的老办法。纪兰去动员张雪花时，她就说："咱怎样劳动也显不出来。"申纪兰发现了这些问题，想到：要是社里能实行男女同工同酬，又帮助妇女学习技术，这就好办了。她向社务委员会提出实行男女同工同酬的意见，立刻遭到了男社员的反对，他们说："妇女们劳动得怎么样都还不知道呢，就要享受同工同酬？"申纪兰的建议被否决了。她很苦闷。党支部委员（也是社务委员）宋金山安慰她说："纪兰，别难受，妇女们要在生产上做出成绩，就能争取同工同酬，有什么困难党帮助你们解决。"纪兰又鼓起勇气，第二次提出合理化建议，要求派3个妇女到县里去受技术训练，同时派2个技术好的男社员帮助妇女提高技术。这个建议被采纳了。社里派宋金山、张偏则负责给妇女教技术。纪兰、吕桂兰等3人被派到县里去受训。她们回来的时候，正是锄麦的时候。社里分配35亩麦地由妇女锄。纪兰就去发动妇女锄麦。

妇女发动起来了

最初，只有7个妇女愿意去锄麦。纪兰向妇女积极分子们提出发动李二妞参加锄麦的意见。大家听了很惊讶，都说："李二妞能发动起来？只有活神仙才有这本事。"原来李二妞是个一天到晚锅前灶后，不出门，不学习，开会也不参加，做活也很慢的人；她男人秦克林看不起她；村里人都说她是"傻子"。纪兰说："人们都说二妞落后，其实是咱们工作没做到；要是能把她发动起来，其他妇女就好办了。”她先和秦克林说通了，晚上就去动员二妞。她和二妞讲了许多参加生产才能解放自己的道理。但二妞说：“你进步你去锄麦吧。我活了半辈子，死了就是一辈子，还有啥解放不解放的？”纪兰说：“过去克林看不起你，你穿的也破。如今合作社是多劳动多分粮食，你要能参加劳动，家里多分了粮食，保险[①]克林就对你好了。”这就打动了二妞的心。纪兰走了以后，二妞的丈夫回来，对她说：“你要吃，就去锄麦吧，不吃就不去。”第二天，纪兰等7人刚要上地去，二妞也扛着锄来了。纪兰十分高兴。到了地里，二妞说：“我不会。”纪兰就教她，她会锄了就表扬她。二妞越锄越有劲，别人锄两垄，她也锄了两垄。当天收工后选举模范时，大家要选纪兰，说她发动妇女有成绩。纪兰提议选二妞，说她初次上地就做得不坏。大家都同意。纪兰丢下晚饭不吃，就请广播员广播李二妞当选模范的消息。这时全村妇女都端着饭碗站到门外来听。二妞也端着饭碗走出来，她说：“活了半辈子都没人广播过我，劳动就是好。”别的妇女说：“我要上地，保准比二妞强。”第二天，社里19个妇女都下地了。35亩麦地，妇女们3天就锄完了。原来“看透”了妇女们的张志秀这时说：“妇女们可看不透呢，就是行！”接着，为了团结老年妇女搞好生产，并解决妇女上地时孩子没人管的问题，纪兰又发动老年妇女成立了农忙托儿组。

一连串的斗争

但是，锄了3天麦，妇女们每天所得的工票还是“老五分”。大家都不愿上地了，说还不如在家里做鞋底。纪兰向社里提出这个意见，男社员都不同意加分，说：“刚领导你们学技术，就来要工票，我们劳动了几十年，也不过十分呀！”纪兰十分为难，又去找党支部。宋金山说：“党是重视这个问题的。你们要再做出成绩来，社员们这种思想就能扭转。”纪兰又去动员妇女。结果有几个妇女仍然上了地。

① 保险在本文意思为保证。——编者注

在耙地的时候，女社员张雪花和男社员马玉兴在一起。张雪花牵牲口，马玉兴站耙。照规定牵牲口的算四分工，站耙的算十分工。耙了一前晌，雪花很不服气，她说："我为哈不能站耙？"马玉兴说："不怕把你摔下来？"雪花要求试试看。两人换了以后，雪花站得蛮好，整耙了一后晌。到晚上发工票时，雪花说："我这工票怎样发？"男社员们说："就这样糊糊涂涂两人一样发了吧。"纪兰很快把这第一次胜利告诉大家，大部分妇女又都上地了。第二天，社里把耙地的事都交给妇女干，留下男人去修整土地、改良土壤。妇女们带着六、七个牲口，一天就耙完了70亩。

春播快开始了，需要把成堆的粪往整块地上匀。男人担粪匀粪，妇女用铣往粪箕里装粪。一个妇女供应两个男人。照规定妇女装一天粪七分工，男人挑、匀一天十分工。干了一天，妇女们都想挑粪匀粪。男人说匀粪要有技术。妇女们提议男女分开来比一比。社里答应了，给同样多的男人和女人分了同样多的地。男女同时在一个山梁上匀粪。纪兰让雪花先给妇女们匀了个样子，大家才动手匀。男人休息了，妇女不休息。结果不到一上午，妇女的粪都匀完了，有的男人还没匀完。这一来，连最反对同工同酬的男社员张女孩也说："应该提高妇女的底分了。"社务委员会从此取消了妇女只顶"老五分"的决议，按照男女同工同酬的原则，重新评定了妇女的底分。申纪兰、张雪花、吕桂兰评为十分，李二妞评为七分。因为男女同工不同酬而不肯上地的六、七个妇女，这时也都上地了。连62岁的老太婆王招根也要参加担粪。这以后，男社员对妇女的态度开始改变了。到下种的时候，妇女仍然和男人混合编组，都按活计分。妇女为了多做活，到晌午时不愿先歇工回去做饭，而在歇晌时回去做饭：男的烧火，女的端锅。这是祖辈以来没有过的事。王招根老太婆乐得到处对人家说："我活了六十多啦，从没人给烧过火，每天人家回来了，我双手把饭端上去。这下子大家在一起做饭，有说有笑，真是劳动解放了我啦！"总结春耕工作时，全社评选了16个劳动模范，妇女占了6个。妇女们说："要像过去，哪会有这么多女模范！”

男社员还不服气

争取同工同酬的斗争继续进行着。到谷地间苗的时候，男社员提出了意见：“同工同酬也不能每一件活都同呀，间苗更得讲技术了。”他们没有料到妇女们已经向技术老师学会了间苗的技术。干活的时候，女人的手灵巧，苗拔得很快；男人的手粗拙，钻到那密丛丛的谷苗里很不灵便。结果妇女间苗又快又好。有3个妇女超过了男人，她们比男人们多得了一分工。这以后，社里又把间苗的工作交给妇女了，男人去锄玉茭。

锄二遍谷时，男社员张方云领导妇女锄。二遍要锄得深，是很累人的，但妇女们还是赶上了他。张方云着急了，他想：“什么都和妇女一样还行！”他向妇女们说：“咱使王登高耘锄（一种改良农具）锄吧，王登高耘锄锄得快！”他以为妇女们没使过这种农具，一定不会使，想用这来赛过妇女。可是妇女因为真正体会到学技术的重要，对什么技术都特别操心，经过几个月来的锻炼，掌握技术已不太困难了。张雪花大胆地说：“咱也使王登高耘锄锄。”果然，她很快就使开了。但男人们还是有些不服气。社务委员会为了解决这个问题，发动了一次技术比赛。比赛结果，妇女并没有落后。各人的技术高低也分清楚了，大家再没意见了。原来男社员不让妇女去丰产地里工作，怕妇女没技术搞不好，这以后也让去了。总结夏季生产时，全社评选了21个模范，妇女占了9个。大家欢喜地说：“快赶上啦！”

就是在这样的情况下，少数男社员也还没有最后服气。旧历六、七月间，社里买回来100多只羊，还没确定谁放羊。男社员张女孩说：“妇女样样都行，男女同工同酬，现在羊还没人放，叫纪兰放几天羊吧。”纪兰还没开口，雪花就抢着说：“妇女放得了羊，担得了饭，剪得了毛，垫得了圈，什么事儿都能干，放就放吧。”“妇女谁放过羊呢？放出去收不回来怎么办？吃了别人的庄稼更糟糕。”纪兰脑子里起了斗争。但她又想：“人家妇女还开飞机、开火车，咱就连放个羊也不行？”她终于鼓起勇气答应下来了。这天晚上，她一夜没睡着觉，光盘算着怎样才能放好羊。第二天一清早，男社员张东海一见纪兰就说：“怎么还不去放羊？也不能让羊一天待在圈里呀！”雪花也来了。纪兰赶羊出了圈，不慌不忙地把鞭子一扬，领头的羊就走到前面去了，接着，100多只羊都跟着顺溜溜地往山上走。纪兰在前面领，雪花在后面赶。就这样连续放了3天。

西沟村出现了许多美满幸福的家庭

秋收以后，李顺达农林畜牧生产合作社总结了一年的生产成绩，全社173亩秋田，得到每亩平均442斤的丰产成绩。修滩、造林、挖蓄水池等工作，都按计划完成了。这些成绩和妇女们的劳动是分不开的，总计全社24个妇女，共做了874个劳动日劳动，占全社总劳动日数的35%（参加修滩造林等工还没有计算在内）。由于妇女参加了主要劳动，腾出男劳力去搞副业，挣了1 200斤小米。并腾出6个人专门放羊，保证畜牧业的发展。妇女本身的劳动技术也大大提高了。有4个妇女成了农业生产上的全把式，12个学会犁地，其余的都学会了使大锄。

经过去年一年来的斗争，妇女们无论在社会上或家庭里的地位都大大地改变了。农林畜牧生产合作社的妇女干部已由3人增加到8人。大家都很关心妇女。男社员们说：“财旺还得人旺，妇女们要注意身体，不要累坏了。”社内的生产已按男女的特长和体力的强弱做了科学分工。纪兰也和妇女们讨论了“不要光为参加生产而丢开家里应做的活”的办法，并规定谁家里有要紧的活，妇女互相变工，轮流上地，做到农事家事两不误。为了保证妇女身体健康，男社员们又提出给每个妇女买两条月经带。社章上增加了一条规定：妇女月经期间5天不上地。社里又给妇女准备好了新法接产箱。妇女在家庭的地位也完全改变了。就说纪兰吧，现在家里讨论什么问题，都要听纪兰的意见。婆婆说：“从前常说一家八口全指靠老汉过呢，现在看来离了纪兰就不行。”往年只给八尺布，今年给纪兰做了两身新衣服、一条花褥子。过去张雪花的男人张偏则常说她“光吃闲饭不做活”，在秋收分配劳动果实时，他两人把自己得的工票比了比，雪花的工票比男人的并没差多少。张偏则又高兴又不好意思地说：“以前说你是吃闲饭的，真不应该，现在应该说你是家中宝了。”雪花说：“你也好好劳动，你也是家中宝，咱两宝合一宝，共同把社办好。”像这样美满、幸福的家庭，就这样普遍地在西沟村出现了。

申纪兰在总结她们一年来在劳动战线上所做的斗争时说：“劳动就是解放，斗争才有地位。”

回到人民中去 *

吕日周

太行山高高矗立，巍峨壮观，令人神往。但当它逶迤绵延到山西平顺县境内，却顿然黯淡失色：巨石一块连一块，石窝一片接一片，一撮黄土在这里也显得格外珍贵。滴水贵如油，丰收不容易。

申纪兰和吕日周共同植下一棵树

正是这样一个恶劣的生态环境，千百年中造就了不屈的山魂，古有愚公移山，今有英雄辈出。新中国成立初期，国家颁发了四枚金星劳动奖章，其中的两枚被平顺人领走。山的深处有个闻名全国的地方叫西沟，这里有解放区最早办起的互助合作社，有赵树理写《三里湾》时长期住过的村庄；有被毛泽东主

* 节选自《长治，长治——一个市委书记的自述》（2003年，中国工人出版社）

席誉为“边区农民榜样”的著名劳模李顺达；有被江泽民总书记誉为“凤毛麟角”的一至九届全国人民代表大会代表申纪兰，所有这些都平添了我对西沟的深深向往。

2000年2月26日，我上任后[①]十几天，没有打招呼就来到平顺县。这是我多年来进行调查研究的习惯。我不同意市、县领导干部下基层调查，要事先发通知、报路线、确定点、反复准备汇报的做法。

这天下午3点，我在县城查岗，县交通局大院里竟然找不到一位领导干部。一顿批评教育之后，县领导来了。我说晚上要到西沟去住，有人摇头：“西沟是平顺最冷的地方，你受不了。”我说，西沟冷，那里的老百姓不是祖祖辈辈照样住着？他们能生活，为什么共产党的干部就不能去住一个晚上！冻不死申纪兰，就冻不死我吕日周！”

看我十分坚定，县委干部只好作罢。我谢绝了他们的陪同，只身前往。

来到西沟，果然冷。我穿着厚厚的军大衣，仍旧挡不住阵阵寒风袭击。村干部按照我的吩咐，随便为我找了一户农民家住下。

这位叫张海考的农民，一进门便把我让到火炉旁。“山里冷，您头一回遭遇这么冷的天吧？”说心里话，西沟要比我想象的冷，不仅屋外冷，屋内也寒气逼人。但我还是坚持说：“不冷，不冷！”

热情的主人一边张罗着做饭，一边与我聊着西沟的事儿。过去西沟热闹，土地承包到户后，来的人少了，这里也渐渐变得冷清了，老百姓忙碌自己的事儿，平静中反倒显得踏实。

“西沟人是不是觉得过去的日子红火？”我尽量用群众式语言问话。张海考说：“还是现在的办法好，老百姓能吃得饱、穿得暖，自己安排自己的事儿，种田、做工，家庭个人说了算，这光景过得宽松自在！”

老张继续着西沟的话题：“刚解放那阵子，干部作风好。新华社一个同志背着干粮，步行两天从长治走到西沟，过大年也不回去。白天和老百姓一样下

① 2000年2月，任长治市委书记。——编者注

地干活，晚上点灯熬夜写东西。那才叫共产党员呢！”

往事勾起了张海考对好作风的回忆：“听老人们讲，西沟的第一位抗日村长是被共产党杀的。”我追问原因，老张说，这个村长叫张召根，当时负责给部队筹集军粮。1947年7月，天遇大旱，地里庄稼颗粒无收，村里闹饥荒，张召根是个党员，偷吃了公粮，这就是犯了天大的罪！边区政府在西沟召开万人大会，人山人海把东河滩挤了个水泄不通。张召根被判了死刑，为了两升玉米送了条命。尽管他为革命办了不少事，他的弟弟随军南下，战死沙场。但功是功，过是过，犯了错一样受制裁！老百姓夸党好，正是因为党的纪律严，作风硬！”

见我听兴正浓，老张又给我讲了邻村郭玉恩的故事，老郭也是全国劳模，金星奖章也有他的份儿。解放初，有一年冬天，他从平顺往壶关送公粮，一个人挑着100多公斤粮食，沿路乞讨要饭，无论饥饿有多难忍，他也不肯吃一粒粮食，送完公粮返回家，郭玉恩全身浮肿，整整一个冬天卧床不起。他娘说：“儿啊，你挑着粮食饿肚子，世上哪有你这样的傻人？”郭玉恩对老娘说，“党的人就要守党的规矩，再饥再饿也不能动党的一粒粮食！”

老张话锋一转：“现在不行了，日子越好过，干部离群众就越远。如今的西沟也不断有干部来，起先我们还蛮有热情，常常打听今天来了什么人，昨天谁到过西沟。后来，来西沟的干部小汽车越坐越好，真正联系群众的人却越来越少，他们从不问问群众缺什么，少什么，想什么，干什么。时间长了，干部把我们当外人，我们把他们当外宾。大伙儿时常在一块儿揣摩，现在的干部怎么就大不如前了呢！”

说话间，女主人把饭端了上来：“没啥好吃的。”一碗米汤锅里煮出来的面条，还带着几粒小米，两盘农家小菜。

晚上，我躺在炕上，翻来覆去睡不着，西沟故事像放电影一遍又一遍在我脑子里翻腾着：太行山是无愧于英雄的山，大山养育了中国最优秀的人民，西沟这面旗帜的真正内涵在于它造就了一种精神，学西沟就要学它的那种正气、那种精神，那种对党的事无比忠诚的坚强毅力。

天还没有亮我便起了床，借一钩残月走到户外去看看西沟，看这个曾经作为中国农村前进方向的地方。

“看看老申家。”老张领着我来到申纪兰的住处。一排像是新中国成立初期的建筑，小房子，小院子，老申就在这里住了几十年。这天老申不在家，门房却不上锁，邻居习惯地推门而入。我纳闷，她也曾是享受过十年厅级待遇的干部，为什么就敞着大门，难道不怕丢东西吗？老张说：“纪兰家没有啥可偷的东西。”进门一看，屋里的摆设特别简陋，箱箱柜柜不多，件件没有铁将军把守。墙上挂着一幅幅与中央领导的合影照片，记录了她辉煌的过去，也是这个家里唯一可以称得上财产的宝贝。

在老申家待了一会儿，我感到比老张家还要冷，伸手摸摸炉子，没有一丝温度。坐在土炕上，就像坐在冰雪地里一样。老张告诉我，她冬天从来不生炉子，不烧热炕。70多岁的老人在冷屋过冬，和我们有空调、住暖气房的干部比较，我不由地眼里涌出了泪花。

申纪兰，一个英雄的名字，她是在人民的土壤里成长起来的，她是同人民一起艰苦奋斗干出来的。

西沟一夜，使我重复了一个想法：带领全市干部重新回到群众中去。

回到人民中间去？有的干部对这个提法不理解，我们不是一直在人民中间吗？有的说，到基层住一宿有什么用？还有的说，下乡几天就能解决老区的脱贫问题吗？更有人反对，这不是搞形式主义吗？

为了回答这些问题，我把市委班子的成员一块请到西沟，先后开了三次常委扩大会。同样是在冬季，2001年的春节期间，我把四套班子的成员和13个县（市、区）的书记和县长都请到西沟来，大家和老百姓吃一样的饭、住一样的房。晚上，我一户一户去看望下乡干部，很多从农村走出来的干部，从日渐淡忘的农家生活中，又一次找到了与人民群众的思想差距、生活差距、作风差距。我把大家的感受总结为这样一段话：不到群众中，不知道自己差距大；不与群众接近，不知道自己早已远离了群众。离群众越近，思想越解放；离群众越近，对政策理解越深；离群众越近，对“三个代表”思想贯彻越忠；离群众越近，离腐败越远！

一次接触是粗浅的，多次深入不同凡响。为了让更多的干部受教育，市委把西沟作为廉政建设基地，明确规定：凡是被选拔到领导岗位上的干部，必须到西沟进行廉政宣誓。

最初是市纪检委分批组织干部来，之后，各个单位也不断组织干部来。领导干部来了，一般干部来了，党员来了，团员也来了。从2000—2002年，到西沟接受革命传统教育的市直干部达5 000人次。他们在西沟冻掉了身上的官气，领会了群众的怨气，懂得了为长治争气。

最近一次，我到西沟与平顺县老劳模座谈，申纪兰同志拉住我，耳语道：“吕书记，你冷天到西沟，已经住了十几个晚上，可要注意啊！”说着说着，申纪兰老泪纵横：“西沟前十几年变化不大，这两年进步快，我们引来水、修起路、建起厂，重修了纪念碑、展览馆，金星奖章竖在东山上。市委变作风有决心，群众变面貌有信心，干部不怕多吃苦，群众就会少受罪。”

我知道老申的这番话，不是说给我一个人的，她是在用心呐喊，呼唤党的好作风快快回来。

到一次西沟，就多一次感动，受一次教育。正是在一次次地赴西沟学习和实践中，市委提出了学习贯彻“三个代表”重要思想的五点要求：一是要通过刻苦学习，攀登理论制高点。二是要带领广大干部重新回到人民中去，探索学习和实践“三个代表”的切入点。三是要恭恭敬敬当人民的“小学生”，老老实实向人民学习，寻找学习和实践“三个代表”的起步点。四是要过好寻找、解决问题关，追究责任关和群众民主测评关，把握学习和实践“三个代表”的着力点。五是要总结跟进，经济突破，落实学习和实践“三个代表”的落脚点。

市委常委交流学习心得体会，我们认识到：人民是父母，我们是儿女；人民是教师，我们是学生；人民是河，我们是舟；人民是水，我们是鱼；人民是智慧的源泉，我们是幼稚可笑的；人民是大海，我们是沧海一粟；人民是土壤，我们是种子；人民是藤，我们是瓜；人民是评价我们的度量衡，我们是被评价的对象；人民是灯塔，我们是航船；人民是路标，我们是行进中的车；人民是主人，我们是公仆；人民是太阳，我们是树木；人民是春雨，我们是幼苗；人民是我们落实的对象，我们是人民监督的对象；人民是历史前进的火车头，我们是司炉工。人民的利益是我们工作的出发点、落脚点。我们也应当为之吃苦、吃亏，为之流血流汗，直到奉献出自己的生命也在所不辞。

我的母亲申纪兰*

张江平

我的母亲申纪兰，一位享誉全国的劳动模范，第一届至第十届全国人民代表大会代表。

在别人眼里，母亲是一位名人，而在儿女们的心中，母亲只是一个典型的农村妇女，一个地地道道的普通农民。作为申纪兰的子女，我们从小到大没有一点名人子女的优越感，只是非常珍惜这得之不易的荣誉。母亲给予我们的只是一种潜移默化的行动，一颗天下母亲共有的平常心。在她眼里，做子女的永远是个长不大的孩子，直到今天，母亲身上那种特有的勤劳简朴、无私奉献精神，那种实事求是、廉洁奉公的高尚品格，那种尊老爱幼、孝敬公婆的传统美德，一直在影响和教育着我们……

母亲教育我们多吃苦、少索取

从小母亲对我们姐弟3个就要求非常严格，自我记事起，就未曾尝过被母亲宠溺的滋味。小时候，母亲事务繁忙，白天她要带领社员参加劳动，晚上还要组织大家学习，安排各生产队第二天的活计，每天很晚才能回来，天不亮就又上工走了。刚懂事时，母亲教育我们最多的三句话就是：一要吃苦，二要关心集体，三要认真工作，这三句话早早就烙在了我们的心里，成了我们的座右铭。

母亲至今仍担任着长治市人大常委会副主任，西沟村党总支副书记、西沟村金星经济合作社社长等职务，在省里、市里有许多熟人、朋友，按理说，给我们安排个好单位，找个好工作，或者跟领导打个招呼照顾一下，应该是简单

* 原载于《人民日报》（2004年10月30日第六版）

得不能再简单的事情了，可她坚决不这样做。在我们的工作上，母亲绝不给领导添一点麻烦，甚至我们每个人的单位在什么地方她也不知道。

这些年，大姐靠自己的勤奋努力走上了大校军医的岗位；小妹先是修马路，后凭自己的工作业绩，调到了单位公安科；我从部队复员后，先是在市政工程处工作，后来通过考试，才当了一名乡镇武装干事。在我们所待过的单位中，很少有人知道，我们是全国人大代表申纪兰的儿女。

母亲总是把温暖和关怀送给别人

母亲严于律己，对家人要求严格，但对邻里乡亲却宽厚大量，乐于助人。在母亲心中，乡亲们的事就是自己的事。

母亲是个“爱管闲事”的人，在日常生活中，谁家有了困难，母亲就到谁家去帮助解决；谁家两口子生气吵架，母亲就到谁家去调解；谁家遇到了难题，母亲就出面疏通。一年四季，母亲在村里总是忙忙碌碌。村民们想外出搞劳务，母亲便出去揽活计；村民们为党参积压发愁，母亲就上河北、到安徽找销路；村民们需要化肥、种子、农药，母亲就去采购；只要是村里人找她办事，她总是尽力而为。

为了百姓的事，母亲贴上钱搭上时间跑；为了百姓的事，母亲顾不上吃饭，顾不上睡觉；母亲就是这样，几十年如一日，一心为群众。1996年9月，父亲因病去世。这时，恰巧晋南某县的一个参观团在县委书记和县长的带领下，慕名来西沟学习。母亲虽丧事在身，但面对远道而来的客人，她没有推辞。母亲心里有的是党的事业，关心别人胜过关心自己。

艰苦奋斗、不搞特权是母亲的本色

几十年来，不论是成为全国劳模、全国人大代表，还是担任山西省妇联主任、长治市人大常委会副主任，母亲始终不脱离农村，不脱离农民，不脱离劳动，始终保持自力更生、艰苦奋斗、勤俭节约的光荣传统。如今，母亲仍然耕种着自己的责任田，仍然起早搭黑下地劳动，仍然积极参加村里开展的植树造林、修路垫地等集体活动。母亲自己是这样，就是对我们也要求必须过好劳动关。上小学、中学时，每逢假期，母亲都要求我们必须参加生产队劳动。生产队的较重活，如深翻土地、春种秋收、挑担推车，样样都要求我们参加。就是现在，每逢春秋大忙时节，母亲总要捎话，让我双休日或节假日回家，同群众在一起参加一些劳动，或者帮助左邻右舍干一些杂活。

母亲还常常教育我们："我们是农民的子女，劳动人民勤俭朴实、吃苦耐劳的本色，千万不能丢。"小时候，我们穿的衣服都是补了穿，穿了补，直到实在穿不出去，才给我们换新的。

这几年家庭生活条件好了，但母亲多年养成的勤劳俭朴的生活习惯却从未改变。至今母亲还住在20世纪60年代末期农业"学大寨"时建起的排房里。有好多次，我跟母亲提出翻修房子，村里也觉得母亲住的房子太落后了，和她商量想重新建一处，都被母亲借故推托了。就是家里的摆设也没有一件现代化的新式家具和高档电器。唯一让我们感到骄傲和自豪的是迎面墙上挂满的母亲与党和国家领导人的合影照片。

母亲对自己吝啬，对子女抠门，但村里的乡亲们找她借钱，只要有，母亲总是解囊相助。三元五元，数十元上百元借给乡亲们的钱，总有好几千。有还钱的母亲就收下；不还的，母亲也从未要过。邻居张根则大爷无儿无女患病住院，母亲不仅为他贴了住院费，张根则大爷去世后，母亲又主持给他操办了丧事。多年来，母亲贴上自己腰包为集体办公事，掏上自己腰包给群众办私事的事迹数不胜数。

母亲教会我们无私才能无畏

2001年初我被组织上任命为长治市城区文化广播局局长，2002年担任长治日报社纪检组长，母亲对我要求最多的是不以权谋私，不搞特殊。她常跟我说："吃人家的嘴软，拿人家的手短，不做亏心事，不怕鬼叫门。"

这几年，由于工作关系，我经常下乡，母亲又时常告诫我，无论走到哪里，不要喝酒，不要拿人家的土特产，不要搞权钱交易，更不准拿人家的一分钱，要当一名合格的纪检干部。在儿女们看来，母亲最让我们敬佩的就是大公无私，公而忘私。

近几年，各级党委、政府给母亲的奖金少说也有好几万元，她都毫无例外地全部捐献给了集体。2001年6月，母亲把全国保护母亲河委员会奖励给她的2万元奖金捐给村里打井；7月，她又把中组部奖励给她的5 000元奖金一分不少地交给了集体。

在母亲心中，集体的利益、群众的利益高于一切。1973年，母亲在省妇联当主任时，组织上分给她一套房子，她看到单位一位想结婚的年轻人没房子，就主动让给了这位年轻人，自己仍然一直在办公室里住着。一张床一副铺盖，母亲整整用了10年。1987年，长治市人大也考虑给母亲解决一套住房，又被母亲拒绝了。而当时我们还没有一套房子，在父亲的办公室里住了7年之久，多么需要一套房子啊，母亲却没有因自己的职务为我们要下这套房子。

母亲对儿女的爱，不是用金钱、物质来表达的。作为一位全国著名劳模，第一届至第十届全国人大代表，母亲没有给我们解决工作问题，没有给我们弄到房子、票子，但母亲却教会了我们如何自强和自立做人，教会了我们只有无私，才能无畏，才能有所作为。

母亲给我们的精神财富是千金难买的。

母亲与家人、西沟融在一起

在村上，母亲是个好党员、好干部、好村民，在家中，母亲是个好儿媳、好妻子、好妯娌、好母亲。

母亲是尊老爱幼的典范，是孝敬公婆的榜样。小时候，我家生活困难，能吃上窝窝头就算好饭了，而母亲总是让爷爷、奶奶、叔叔和我们吃，她自己则喝稀的。

母亲尽管在外工作繁忙，但一回到家就抢着干活，做饭、洗衣、收拾房间，见什么干什么。1980年，爷爷病重，父亲又在外地工作，母亲守在床前，喂水喂药。爷爷病逝后，为了照顾年迈的奶奶，母亲干脆和奶奶吃住在一块，睡在一个炕上，精心侍候。奶奶在最后的日子里因患青光眼双目失明，生活不能自理，多年来母亲就一直坚持为奶奶梳头、洗脸、洗脚、洗身，变着法儿做好吃的给奶奶改善生活，讲村里、家中的一些好事让奶奶开心。在母亲的照料下，奶奶活了93岁，是村里年龄最大的老人。

说句心里话，谁不爱自己的家庭，谁不爱自己的子女，母亲是典型的太行山区农家妇女，儿女们都知道，已经70岁的母亲也想有个温暖的家，也想和儿孙们在一起，享尽天伦之乐。但母亲却未能做到，因为她的公务活动太多了，国家的、省里的、市里的、县里的、乡里的、村里的……

而今，母亲已年届古稀，唯一不老的是她那颗爱党爱国爱家乡、勤俭奋斗的心，她仍风尘仆仆地为党的事业，为西沟村的小康建设奔波、操劳。

做儿女的为有这样的母亲而骄傲。

申纪兰：用半个多世纪为农民说话*

徐 燕

从飞机上俯瞰，太行山沟沟壑壑，像一幅色调朴素的版画。浅灰色的山峦和它深色的阴影构成的拱起沟回，大约有成百上千之多，它们静静地镶嵌在寒冷的冬季里。我想象其中某一个点或许就是我们的目的地。据说，这万山之中的平顺县西沟村，曾是新中国成立后很久，在地图上唯一被标识出来的行政村。想不到的是，当我们驱车进山，竟发现成片的大山被植物覆盖，只不过由于季节的缘故，那些已经成材的树木暂时收敛起了绿油油的光彩。

1月6日，在山西省平顺县西沟村的村口，申纪兰紧紧抓着我的手，我们就此握别。“你们还要再来呀！”她轻声说，眼睛里充满了热情和留恋。眼前这位已进入耄耋之年的老人，是国家唯一的一位参加过全国人民代表大会一届一次会议到十一届五次会议的全国人大代表。由于从不间断的劳动，她的身体依然壮实，双手温暖有力。我们几乎相处了一整天，从一届一次会议一直聊到十一届五次会议，这60年的光景，也恰是国家从百废待兴、白手起家，经过“文革”到改革开放，再到今天的繁荣发展。这么多年的风风雨雨，给了纪兰很多荣誉，她也遭遇过不少磨难，幸福过，也茫然过、纠结过。在她的记忆深处至今仍藏有一些不为人所知的故事。

在西沟村清冷的山道上，一缕斜阳挂在她身后的群山上。我才发现，和裹了厚厚羽绒服的我相比，她只在藏蓝色外套里穿了件毛衣，领口处缀着20世纪七八十年代流行的有机玻璃扣。我认出了套在外面的这件外套，是每年参加全国人民代表大会时她必穿的“工作服”，显然她很看重这次采访，另一个绝好印证，是采访中我问在国家和人民给予的那么多荣誉中，您最看重哪个，她

* 原载于《中国人大》2013年第02期增刊

脱口说出的就是人大代表。

回忆不亚于一次经历，对这位见证了共和国建立、成长，见证了全国人大制度建立、逐步完善，并与之跌宕起伏的命运丝丝相连的老人，这次采访，会不会也是一次人生重要时刻的重温呢。

每次的全国人民代表大会除了常规内容外，大多还有一个主题，我们就从这里入手。

第一次出席全国人代会

"一定要把毛主席选上，要把圈画得圆圆的。"

1954年9月，纪兰当选为第一届全国人大代表，要去北京参加第一届全国人民代表大会一次会议。

一个农家女能去北京见毛主席，还可以投票选举国家领导人，那是件多么让人激动的事呀。质朴的西沟村民一再嘱托纪兰，"一定要选毛主席，说什么也要把毛主席选上国家主席。"

纪兰他们骑毛驴沿崎岖山路走出长治进到省里，4天后到了北京。山西代表团有26人，除了她还有3名妇女，一个是刘胡兰的母亲胡文秀，还有一位是郭兰英，去年参加妇女大会时她们就认识了。另外一名叫李辉，是临汾地区的一位领导干部。纪兰注意到这个妇女干部"穿的衣服很好看。"

这次大会有两项重要任务：第一个是制定第一部中华人民共和国宪法；第二个是选举中华人民共和国主席。纪兰说："选举的时候，我满脑子里全是毛主席，选票上我给毛主席画了一个圆圆的圈。排队到投票箱前，我双手把票投了进去。我投了自己心里最想投的一票，我完成了自己的任务。"

会议期间，毛主席等国家领导人接见了代表中的全国劳动模范。毛主席一个挨一个跟他们握手，微笑着说："你们都是共和国的英雄啊！"

"和毛主席握手时我们都哭了，我想问声好，可激动得说不出话来。"

对纪兰来说，这是一次至高无上的荣誉和骄傲，是留在心底一辈子的最温暖的财富。多少年后，说起这次握手，纪兰仍激动不已："要说苦，我真苦过，可一想到那次握手，还有什么想不通？还有什么苦不能克服？"

当时，纪兰并不知道人代会的民主深意。她最初的愿望，只是见见毛主席，其他就不想了。来到北京后，她知道了手中有投票权的就是人大代表。选毛主席是她迈出的从政第一步，在她的潜意识里，民主的思想此刻已经萌发，这就是一定要完成乡亲们的嘱托，要忠实地表达他们的诉求。

纪兰至今对共产党感恩不尽。她常说："没想到（旧中国）四万万五千万人逃荒要饭，没想到（新中国）十几亿人解决了温饱问题，过上了好日子，以后再不会有没头没尾的穷苦日子了，共产党多伟大！"就是这么简单、直接、朴素的感情，让她决定了一生的忠诚与追随。

"共产党为解放全中国，牺牲了多少人，才把这个国家交到人民手里，让我们这些普通的农家女儿有说话的权利，有作主的机会。我就是共产党解放的，是共产党培养起来的，我永远忘不了共产党。"

"听毛主席的话，跟党走，把西沟建设成社会主义新农村，这就是我一生的信念。"

1954年制定了新中国第一部宪法

"老年人说，这下中国有了法了。"

第一届全国人民代表大会一次会议召开前，山西代表团住在北京东四一个小旅馆里。那会儿没有代表证，开会在中南海怀仁堂，出入就靠一张简易的出入证。

"到了北京才发现路真宽，一会儿跑过去一辆车，一会儿又跑过去一辆车，有的顶着大气包，有的拖着大辫子，还有像火车一样在轨道上跑的，一路叮当咣啷地响个不停。"纪兰笑着说。2003年，她参加第十届全国人民代表大会一次会议时，有个人来找她。当时她不认识眼前这个人。对方说，一届全国人代会时，我是给山西代表团开车的司机，那时候就认识您，忘了？东四旅馆。

纪兰说："说起东四旅馆的事，那是几十年前的事了，我心里倒有些温暖的，我跟着国家开了半辈子的会啦！"

1954年9月15日，第一届全国人民代表大会一次会议让纪兰至今印象深刻，特别是毛主席宣布大会开幕的那个时刻。

他一走出来，全体代表都站起来鼓掌，毛主席说："准备在几个五年计划之内，将我们现在这样一个经济上文化上落后的国家，建设成为一个工业化的具有高度现代文化程度的伟大的国家。"

毛主席最后越说声音越大，用了一连串的"我们"。

"我们的事业是正义的。正义的事业是任何敌人也攻不破的。"

"我们有充分的信心，克服一切艰难困苦，将我国建设成为一个伟大的社会主义共和国。"

"我们正在做我们的前人从来没有做过的极其光荣伟大的事业。"

"我们的目的一定要达到。我们的目的一定能够达到。"

"毛主席讲完，全体代表起立长时间鼓掌，很多人激动得流泪，我也哭了。"

这次大会通过了《中华人民共和国宪法》。

"讨论宪法草案，我记得很清楚。里面对农民、工人，特别是对我们妇女半边天的平等待遇都有规定。我们都说这真是讨论国家大事呀。老年人说，这下中国有了法了。当时国家领导想得可周到了，他们知道我们农民没文化，看不懂文件，做了报告以后，还专门组织农民和工人进行辅导。"

这次会议太受教育了——纪兰说，"共产党领导人民建立新中国只是走了一步""建设一个强国还需要全党全民的努力""每个共产党员都有手握推动国家发展的力量""要珍惜历史给我们的巨大机遇"我记下了很多话要回去说给乡亲们。

毛主席让我们讲实话

"干劲一定要有，假话一定不可讲。"

1959年第二届全国人民代表大会一次会议在人民大会堂举行。当时大会堂刚刚建成。之前纪兰参加过建设大会堂的劳动，她好好地欣赏了一下大会堂的恢宏气势。但参会时她却心情沉重。

这是因为，1958年西沟村亩产480斤，是拼了命生产出来的，但和别的公社报出的数字一比，还是落后太多。“西沟什么时候也没有落后过呀！”这件事让纪兰抬不起头来。“开会的这几天，我们大家的心情都很沉重。”

仿佛看出了大家的心思，在这次会上，毛主席号召代表们讲真话，讲实话。他说，包产能包多少，就讲能包多少，不讲经过努力实在做不到而又勉强讲做得到的假话。收获多少，就讲多少，不可以讲不合实际情况的假话。老实人，敢讲真话的人，归根到底，于人民事业有利，于自己也不吃亏。爱讲假话的人，一害人民，二害自己，总是吃亏。应当说，有许多假话是上面压出来的。上面“一吹二压三许愿”，使下面很难办，因此，干劲一定要有，假话一定不可讲。

“毛主席的话让我们大家一下开朗了，讨论生产增收时情绪又高涨起来。”

管大事的人大代表

“周总理的报告，我告诉你，那真是有水平！”

1959年4月第二届全国人民代表大会一次会议时，有件事给纪兰印象深刻，那是通过了关于西藏问题的决议。审议期间，代表们还在前门饭店参观了介绍西藏情况的展览，在农奴社会里，奴隶们生活悲惨，根本没有生命权，没有人身自由和尊严。

纪兰说，“这个达赖喇嘛顶不好了，我们都投过他的票，希望他好好改变西藏，让人民过上好日子，可是他后来成了叛徒，逃到了国外，现在还煽动西藏独立。”

在第二届全国人民代表大会三次会议期间，中印边界出了问题，当时会议的一项内容，是审议我国对外关系的总路线和各项具体政策。

“中印边界问题是周总理做的报告。”纪兰回忆道，“周总理的报告，我告诉你，那真是有水平！话都讲到国际水平上了，他说我们和平解决边界问题，但土地一寸都不能让！一听到这个报告我们就提高了认识，大家非常拥护，当时代表们的爱国热情都被激发出来了。我们当代表还管大事，不是管小事的，国际问题我们都要关心到。”

2005年，在第十届全国人民代表大会三次会议上，《反分裂国家法》获得通过。这次照样给纪兰留下深刻印象。她说：“我们大家讨论得非常热烈，台湾是我们的领土，中国的领土谁也不能分割。那次法律是近乎全票通过的，全场长时间鼓掌。”

提出“四个现代化”

“我在台下听得激动万分，手掌都鼓肿了。”

1964年12月，第三届全国人民代表大会一次会议提出了建设“四个现代化”，“我认为它代表了中国前进的方向。代表们在审议时都说，要实现‘四个现代化’，我们中国就和现在不一样了。我有这个印象。”

“1975年1月，农历刚进腊月，”纪兰回忆道，“我们就去北京参加第四届全国人民代表大会一次会议。”

“坐在台下，我瞧见周总理比起十几年前我在他家做客时瘦了很多，说话也不像以前那样有力气。会下我才知道，他刚生过病，住过医院。总理往主席台走时，我们都站了起来。他讲话时，很多人都在底下掉泪。”

周总理在这次大会上做政府工作报告时，提出了为实现“四个现代化”的宏伟目标而奋斗。代表们激动地站起，掌声雷动。

1976年初，周总理去世的消息传到西沟，“当时我和乡亲们站在大街上不动了，你看着我，我看着你，就是流泪。他是把自己累死了呀！”纪兰拿着在总理家做客时的照片反复瞧。她记得总理对她说：“应该多植树，树多了可以保持水土，也能改善气候，你们那里也就富了。”

“周总理让我多植树，西沟这些年植了不少树，但离总理绿化荒山致富的要求还很远，我要用我毕生的力气在西沟植树，把西沟的山变成绿的，让西沟的人都富起来。”

贫穷不是社会主义

“植树，护树，绿化山区，就是我的命，我任谁也不会丢。”

太行山沟壑纵横、土地贫瘠，平顺县是国家贫困县。

纪兰记得，邓小平同志曾提议成立植树节。1979年全国人民代表大会常务委员会第六次会议确定了每年3月12日为植树节。1981年第五届全国人民代表大会四次会议上通过了《关于开展全民义务植树运动的决议》。当时纪兰还在前门一带参加了植树活动。此后，党和国家领导人率先垂范，每年带头履行植树义务。

为鼓励纪兰致富，“邓小平同志拉着我的手，说贫穷不是社会主义。”

“开始我们西沟村特别穷，‘金木水火土’什么都没有。现在绿化荒山50年，石头山上都长起了树，有两万多亩。开始种上后就失败，我们就再接着种，很不容易呀。如今荒山已变成了‘绿色银行’。”

有人对纪兰说：“大姐，西沟是老先进，你们在穷山区艰苦奋斗，在中国最难的时候给全国人民带了头。”

由于纪兰业绩突出，上级调她进省，给她安排职务及相应待遇。纪兰说：“我向周总理保证过，要把西沟的荒山都绿化了。离开西沟，我还怎么绿化荒山？这里已有这么多干部，我不想再因添人给国家增加负担。”

有人问她：“是不是你觉得西沟离不开你？”

“不！不是西沟离不开我，是我自己离不开西沟。”

纪兰带领村民坚持不懈地进行植树造林和小流域治理工作。通过几十年的艰苦奋斗，两万亩荒山黄坡变成了绿色家园，生态环境大为改观，西沟走上了可持续发展道路。“我的构想是，远抓林、近抓农、修好路、吃饱肚，村办企业迈大步。”

1993年，在第八届全国人民代表大会一次会议上，朱镕基副总理参加山西代表团审议时，听了纪兰在西沟几十年坚持植树造林、绿化荒山的情况介绍，深受触动。1994年，他来到西沟视察，登上西沟的最高峰尖山踝，并亲手在东峪沟岭上栽了一棵柏树。

不当西沟村的挡路人

“我为1982年这个弯掉过很多眼泪。”“我心里一直有个底线，那就是听党的话没有错。”

1982年1月，中央下发1号文件，肯定包产（干）到户“都是社会主义集体经济的生产责任制。不论采取什么形式，只要群众不要求改变，就不要变动。”

想起那些年的事，至今纪兰还是十分感慨：“西沟这么多年，从组织互助组、合作社，一步步成为全国农村走社会主义道路的典型，没有集体的力量，西沟能有这走得下拖拉机的路？西沟能有这满山的树？西沟能打起这样多大坝？能治住山上的水，造出这么多地吗？”

“西沟由一个逃荒人聚集的地方基本实现山绿了、果红了、吃饱了、穿暖了，可为什么还要分田到户呢？”

这年入冬，平顺县在西沟召开全县干部大会，介绍经验，推动家庭联产。1983年，分田分地分牲口，分包果树。几个月后，除两万亩山林外，西沟的集体就差不多只剩下几间房屋和几枚图章了。

“党号召咱农村改革，那就一定是农村的情况需要改。我一时想不通，不理解，难接受，是一回事；但要听党的话，相信改革是对的，必要的，是另一回事。这个弯一定要转，一下转不过来，我就慢慢转；一天转不过来，我就天天转；反正不能误了生产，不能误了劳动。”

“我为1982年这个弯掉过很多眼泪。”“自己不理解，那是自己水平觉悟低。”“党不会错。”纪兰是从新中国成立前走过来的人，被共产党解放的她发自内心地认为党做的事都是对的，党做事不容易。

1983年6月，第六届全国人民代表大会一次会议召开，这是党的十一届三中全会后召开的第一次全国人代会，是改革开放深入发展的一次全国人代会，对国家发展意义重大。1993年3月召开的第八届全国人民代表大会一次会议，将建设中国特色社会主义理论、坚持改革开放及中国共产党领导的多党合作写进了宪法，确定了社会主义市场经济体制的目标，这次会议也是意义深远。

凭借多年参政的敏锐，纪兰说：“每参加一届全国人代会，我就深信全国要来一次大变化。”

参加第六届全国人民代表大会时，纪兰发现当年一起当代表的劳模没有几个了。这次会议完全是新的气象，让她很受启发，她深有感触地说：在互助组、合作社时期，西沟村走在了全国的前列，那是“领着走”，后来学大寨是“跟着走”，现在实行联产承包责任制，是“摸着走”。我不想落在全国后面，我要回西沟好好劳动，带大家走致富的经济路子。

“我自己也要学习，要不我这个西沟的当家人就成了西沟的挡路人。”

江泽民当选国家主席

“我知道她，她是凤毛麟角，她能坚持到现在不容易。”

第八届全国人民代表大会一次会议在1993年3月召开，在这次会议上，江泽民当选为国家主席。当时“我正在发言呢，谈的是党建问题，我讲到农村党员如何带头发挥作用时，江泽民同志来到了团里。省里领导向他介绍我，他说：我知道她，她是凤毛麟角，她能坚持到现在不容易。”

这次大会报告农民的平均收入水平达到784元，这让纪兰感到责任紧迫。江泽民同志问到西沟情况时，她说：“老区还很穷，要多栽树，多修路，发展山区特色经济和乡镇企业，才能致富。”江泽民鼓励她好好带领老区人民走致富的路，之后他们还合了影。

“我记得这次会议分组审议时，我向党和国家领导人建议：有了法，更要有人监督才行，现在法是不少了，关键是执法要严。”

山沟里办起了现代化企业

“再难我也要往前赶。”

1988年3月，出席第七届全国人民代表大会一次会议时，纪兰发现，70%都是新当选的代表，而她已经是第七次当选了。七次会开到现在，她也近六十岁了。

“我能一直跟上党的形势走，不是一件容易事呀。当年只顾学大寨了，连个企业也没弄上，一改革开放就和史来贺他们拉开了差距。我去刘庄瞧，他们真把农村生活搞富了，住上了楼房，电灯、电话、自来水，什么都有了。我这个老代表，老劳模，咱不承认落后不行呀。西沟落后了，怎样？不干了？不干就更落后了，西沟就更穷了。干还恐怕撵不上人家哩，再难我也要往前赶。”

“那样的穷乡僻壤，恐怕很难赶吧？”

纪兰说：“党从旧社会就开始培养我，新社会我当了人大代表，代表的就是农民，为农民办事就是我的本分，再难还有当年办社那会儿难？”

西沟村在1985年建起铁合金厂，从1987年开始运营那天就给国家上了税。到1988年把建厂钱全部收回，开始有了利润，也给西沟人增了收。

代表结构发生了变化

“现在九届全国人大，老人怎就剩我一个人了？”

1998年3月，纪兰参加第九届全国人大一次会议，这时候她成了全国唯一一名从第一届当到第九届的全国人大代表。

一开完会，记者们就围过来，问她第一届人大到第九届人大有什么变化？

她说：“代表的结构不一样了，文化程度也特别高了。以前的代表，像我，是小学生，连个初中生都不是。现在，大学生、研究生都有了。人大代表的素质提高了，能代表我们社会的发展，能代表国家的进步。”

这次会后，薄一波同志专门请纪兰到他家吃饭。在吃饭的时候，纪兰说：“薄老，现在九届人大，老人怎就剩我一个人了？国家这几十年变化太大了，我吃足了劲，跟都跟不上了。”

薄老说：“纪兰，风风雨雨几十年，你走过来，不容易呀，你是一个真正的共产党员。”

“三农”问题

“一句话，社会主义新农村建设，不能侵占耕地。”

1956年6月，第一届全国人民代表大会三次会议通过了《高级农业生产合作社示范章程》，纪兰曾带头在西沟村搞起的男女同工同酬，首次被纳入了这份法律性文件。1960年3月，第二届全国人民代表大会二次会议讨论关于为提前实现全国农业发展纲要而奋斗的决议时，纪兰发言道：“把农业搞好，是国民经济的一个主要部分。无粮就乱、无粮就慌，没了粮就没了主张了。所以这个纲要我完全拥护。”纪兰说，纲要最后是高票通过的。

“农村的发展问题、投资问题、水利建设都包括在农业上，特别是扩大耕地。那会儿都提到源头上了，就是提到发展问题上。在农村种植，要提高技术，那会儿就提到了农业技术等问题。我都记得呢。”

2004年，第十届全国人民代表大会二次会议召开前，纪兰再次准备了反映“三农”问题的议案。围绕农村越来越多的土地纠纷，她还领衔提交了保护耕地的议案。她说：“中国人这样多，土地可是命根子。没有地种庄稼，大家吃什么？我们那时候开出点儿地来多不容易。现在说占就占了。有很多人都不知道保护土地，就知道占地盖房：农民占地，干部占地，国家也占地。我提交议案后，政府的部门还给了我答复。”

在一份保护耕地的议案中她写道：建设新农村不能光占地，一味盖新房，太浪费。一句话，社会主义新农村建设，不能侵占耕地。

提交议案和建议，让纪兰更深地体会到，“人大代表，是一条反映问题的渠道。”

废止农业税

“减轻了农民负担，这在世界上也是罕见的。有多少这种地方？只有中国共产党能做到这一点。”

2005年12月26日，第十届全国人民代表大会常务委员会第十九次会议以“162票赞成，0票反对，1票弃权”高票通过决定，自2006年1月1日起废止《农业税条例》。中国这片广袤的土地上延续了2 600多年的农业税收从此宣告结束，9亿农民将永远告别种田缴纳“皇粮国税”的历史。

纪兰谈到感想时说：“减轻了农民负担，这在世界上也是罕见的。有多少这种地方？只有中国共产党能做到这一点，免了税，减轻了负担，现在农民还吃上了低保。我们农村有养老保险了，家庭特别困难的还另有补贴，还是国家富强了，社会进步了。我觉得共产党最伟大。我说共产党最好。我提了多少意见要减轻农民负担，现在实现了，我就是觉得高兴。”

“给农民免农业税，国家要是不富强哪能免了税，国家要是不富强哪能有养老保险，让我们的农民老有所养，小有所管呢。”

全国人大的变化

“从第一届到第九届，老劳模里就剩我一个人了，这是国家进步了。”

2000年，第九届全国人民代表大会三次会议期间，由于纪兰频频被媒体关注，她开始总结50年来人大制度的变化。

她说：“胡锦涛总书记问过我，你说人大是哪一届最好？我说一届比一届好，是芝麻开花节节高。我自己参加了50来年的全国人代会，感到人民确实当家作了主，真正得到了实惠。”

“代表呢，有什么变化？”

“代表的素质越来越高，人大代表的面也越来越广了。国家大事大家管，人民的事情代表办。当代表就要代表人民利益，代表人民说话，我是体验很深了。现在开全国人代会虽然会期不断缩短，但民主气氛越来越浓，需要审议的事情越来越多，代表们越来越能畅所欲言。每开一次大会，对我都是一次学习，一次提高。”

“以前是举手表决，现在是按键，电子计票，先进多了。”

“现在习近平同志当上了总书记，他就到最穷的地方去视察，坐在农民家的炕上了解情况，关心农民这一点没有变。”

“我觉得国家这几年，卫星绕月亮，火车进西藏，农业免了税，人民喜洋洋。你说是不是？美国富强，他的科技发展了，却用来打仗，我们中国科技发展了，那是为人民服务的。”

通了路才能迈大步

“一个农民代表应看得更高，能够看到这个国家农民的处境，绝不能把自己局限于为一个村子做事。”

2001年，由于对山区群众出行问题感到揪心，纪兰提交建议，希望政府关注山区交通建设。交通部负责同志立即率人到太行山区调查部署修路。现在山区已村村通公路、通班车。

2010年参加全国人民代表大会，纪兰又提交了修路的建议，现在“都解决了，道路开到了农民家门口，多好。”

“一个农民代表应看得更高，能够从真正意义上看到这个国家农民的处境，绝不能把自己限于为一个村子做事。”关于公路、高速公路、村村通问题的建议，纪兰多次带上全国人代会。她说：“我觉得通了路才能迈大步，这是农村最大的一件事。否则走不出去，谁也进不来，怎么能富？”

目前，长治至平顺县、平顺县到河南安阳、长治到安阳的高速路都已经或即将通车。“高速比平常路要好，以前四五个小时的路，现在一个小时就到了，这就是科学发展观！”纪兰说。

建设社会主义新农村

“经济要上个新台阶，我们就要九牛旁拖，各个出力。”

在第十届全国人民代表大会五次会议之前，纪兰跑了50多户人家，7个村。她说：“这次会议上，要说的话很多，都是与农村、农民有直接关系的”，“新农村建设要注意节约耕地的事要说，经济发展越快越要关心贫困户的事要说，干部的工作作风问题要说……”她一口气列了一长串事。

2008年3月，十一届全国人大一次会议的核心内容，是建立社会主义新农村。纪兰说：“这对我压力很大，带领群众奔小康，前途很光明，路也没那么好走。对我来说，要盖好房还可以，经济要上个新台阶，我们就要九牛旁拖，各个出力，不断给群众增加收入，这是一件大事。这些年西沟一直在做，可是成绩不好，我还是歇不下。”

全国人代会期间回应记者提问

“做一个真正有社会主义觉悟的农民代表。”

2008年3月，在第十一届全国人民代表大会一次会议期间，有记者问纪兰：劳模和代表，这两个身份所肩负的责任有什么不同。

纪兰说：“我当了50年的劳模，主要是带领群众艰苦奋斗，建设山区。人大代表和劳模可不一样，人大代表应该广泛地代表群众利益，让人民当家作主。当这么多年代表，我就是代表农民说话。每次开人代会时，我都注意将农民的真实想法反映上去，应该说有作用。党中央和全国人大常委会，都将农民放在重要的位置。历任党中央领导人，也都注意听取农民代表的意见。因为我是老代表了，像江泽民、胡锦涛总书记参加会议时都特地过来，问一问我们有什么意见和看法。我们也注意将农民的意见提交上去。”

她举了例子："20世纪90年代时，有一条政策，就是二十五坡度以上全部退耕还林。我们西沟大多数土地都在这以上。怎么退，退了农民吃什么？前几年全国人代会小组审议时，我就提出这一点，说了自己的看法。胡锦涛总书记说，作为山区来讲既要因地制宜，也要保证粮食自给，这一点很重要。后来中央下达的文件就强调因地制宜，不搞'一刀切'了。党中央是非常重视我们农民代表意见的。"

有记者问纪兰，当这么多年代表有什么成功的地方？她说："对我个人来说，没有什么成功和失败。从我加入中国共产党的那天起，我的人生追求就同党和人民事业的需要连在了一起。现在这些说法可能在有些人中不时兴了，可我一直是这样想的，也一直真的是这样做的。党给了我一切，西沟土地给了我一切。我只不过是认真按照党的要求，做一个真正有社会主义觉悟的农民代表罢了。"

还有的记者问她，人代会上是不是一律只投赞成票。她说："拥护的我就投，不是不投反对票。不合理的我就不投，部分合理的我就部分投，这是代表的原则问题。"

在采访中，纪兰对我说："我告诉你，全投赞成票也不是事实，我自己知道哪个该投，哪个不该投。不该做的我绝对不做。合理的就投，不合理的就不投，就这一句话。我是一个共产党员，该做什么就做什么就行了，不该做的我绝对不做。"

本色纪兰

"我就在我的范围里发发光。"

1950年，纪兰联络十多个姐妹加入互助组，后来与李顺达携手创办了生产合作社。在她的带领下，西沟村以"中国最早实现同工同酬"被记入史册。1956年，第一届全国人民代表大会三次会议通过的《高级农业生产合作社示范章程》里，第一次写入了男女同工同酬。党的十一届三中全会后，纪兰带头实行了家庭联产承包责任制。1954年她当选全国人大代表至今，可以说，纪兰的人生经历就是一部“当家作主”的历史，她性格里透出的忠诚、执着以及替农民说话的民主愿望和主张，是她政治上“不老”的关键所在。

当全国人大代表60年，纪兰选择了固守清贫，保持朴素本色，她以劳动为本，以劳动为荣，一以贯之的艰苦、朴素、做实事，成为一种纪兰精神，感动和激励了很多人，每一次换届选举时，人们都义无反顾地投她一票。

调到省里工作后，纪兰曾向省委提出六个要求：不转户口、不定级别、不拿工资、不要住房、不调工作关系、不脱离农村。后来，在她再三要求下，还是辞去了正厅级职务。回到西沟村继续参加劳动，这使纪兰有了归根的感觉。她说：“我的根在西沟村、在农民中，就应该在这里生根发芽。”

很多记者问她：当初为什么坚持这“六不”？

纪兰称自己是“很微小的一个农民”，她说：“我想呢，中国农民有8亿，我在农民里当一个农民代表，反映农民的问题，这样做是理所应当的。我要当了干部，把户口转到城里，我也就不是农民了，有些农民的问题我也就不了解了。”

“西沟是我受党培养的地方，我是从西沟走到北京，出了国，和毛主席握了手。现在让我离开西沟，我这个劳模还算是劳模吗？”

就这样，纪兰用了半个多世纪的时间为农民说话。

1978年，五届全国人大固定了一届五次、每年一次的开会时间。此时当代表再也不是举举手、画画圈那么简单了，必须要真正履行起代表的职责，不但要带来老百姓的声音，还要自己撰写批评意见和建议。那时50岁的纪兰没念过书，只上过扫盲班。她开始强化学习，听新闻，读报纸，坚持每天看《新闻联播》，她曾一字一句抄写下党的十七大报告。

纪兰始终保持着清醒的政治头脑，从全国各地慕名而来表达诉求的农民，她无一例外耐心接待，认真倾听，但从不“越雷池一步”，坚持按法律、程序行事。她会收下那些材料，但绝不同意以任何方式签名。“我不是法官，不能随便判断。”

对于全国人民深恶痛绝的官员腐败，她说："党还是好党，但因为治党不严，那些风气不好的人混了进来，办了坏事、给老百姓造成了冤案。"她说："作为一个党员，最重要的是先要管好自己。"纪兰从未在村集体报销过一次车票、领过一次出差补助，反而把国家每月给她的生活补贴"赔"进不少。她说："金钱就像水一样，缺了它会渴死，贪图它会淹死。"

近期媒体频频曝出腐败分子落马的消息，党中央及时出台了防腐八条。一些人觉得现在干部难当了。纪兰说："人民群众是最拥护反腐败的，这次中央表现非常好！"她说："一个人私心少一点，心里时刻装着百姓，想到群众的利益、群众的疾苦、群众的需要，这个干部就很好当了。"

"你要有私心就不要当干部，当干部就不能有私心，私心重了就不是好干部。"

从政理念上，纪兰与腐败官员可谓是云泥之别。她的思想和行动是所有为官者反观自省的镜子。

"我们不脱离群众，群众就不脱离我们，就会把我们当作亲人真心实意疼我们，拥护我们。"

说起当代表之初，纪兰承认，那时只提自己身边看得到的问题，后来逐渐关心起国计民生的大问题。最近几年，她关注的问题除了土地，农村交通，伤农、假冒伪劣坑农等，还有司法公正和惩治腐败。她提交的议案建议还包括如何重视老区的发展、粮食深加工、土地节约等。"作为一名农民代表，感觉肩上的担子很重，我要为农民代言，我要了解他们的需求愿望，反映他们的苦难和心声。"

不脱离农村、不脱离农民，一辈子为农民着想、替农民说话。靠着这些，申纪兰一路走到今天，走到了国家最高政治舞台上，一站就是60载。

申纪兰：六十五年守护一个初心*

王　萍

初夏的长治，凉爽宜人。从长治市驱车一个多小时，记者来到位于西沟村的纪兰党性教育基地采访申纪兰代表。放眼望去，西沟青山环绕，满目苍翠，空气清新，晴空万里，这里就是申纪兰带领山里人治山治沟、植树造林、兴企办厂、艰苦奋斗探索山区发展道路的神奇土地了！

教育基地门口的长形大石上醒目镌刻着习近平总书记在西沟考察调研时强调的一句话："太行精神光耀千秋，纪兰精神代代相传"。红色的字在阳光的照射下熠熠生辉、光芒闪耀，令人心生敬仰。

据当地人介绍，纪兰党性教育基地也是长治市和山西省党性教育基地，每天申纪兰会在这里接待各方来学习拜访的干部群众。

"申主任来了！"申纪兰曾担任长治市人大常委会副主任30多年，当地人大的工作人员都习惯这样称呼她。听到这句话，《中国人大》记者连忙迎上去。眼前的申纪兰一身白衣黑裤的朴素衣装，满脸的笑容是那样和蔼可亲，和记者相握的双手温暖有力，这一切都让人感到扑面而来的真诚与热情。

在会客室里坐定，申纪兰主动问候记者："昨天来的？先喝点水。"她虽年近90岁高龄，但声音仍然洪亮。"我们想请您谈谈对党的忠诚、对人大的执着、对农村工作的无私奉献。"记者说。听到记者的问题，申纪兰打开话匣子，历史在话语间流淌出来，采访就这样开始了。

"最难忘第一届全国人民代表大会第一次会议"

申纪兰告诉记者，1954年9月召开的第一届全国人民代表大会第一次会议

* 原载于《中国人大》2019年第12期

是她一生中最难忘的珍贵记忆。那次会议在北京中南海怀仁堂举行，那时还没有人民大会堂。大会开幕的时候，是毛主席主持会议，他一走出来大家都站起来鼓掌。

“1954年，我做梦都没想到自己被选上第一届全国人大代表。”申纪兰说。20世纪50年代，从“三台”（锅台、灶台、碾台）走向田间，申纪兰带领西沟妇女在封闭贫瘠的小山沟争取“男女同工同酬”，成为举起“男女同工同酬”大旗的第一人。申纪兰的这一创举被《人民日报》记者写成《劳动就是解放，斗争才有地位》的通讯文章发表，申纪兰因此名扬全国，并当选为第一届全国人大代表。

“听说我选上了，全村人都很激动。有些男同志还来问我：‘女同志也能参加人民代表大会？’我说：‘女同志咋就不能当人大代表了？’这说明新中国对我们广大农村妇女的重视。”申纪兰说，选举新的国家领导人时，她在选票上给毛主席画了一个圈儿，排队走到投票箱前郑重地投下一票。大会期间，毛主席还接见了包括她在内的劳模代表，挨个握手照相。

参加第一届全国人民代表大会一次会议，让申纪兰真切感受到人民的政治地位提高了。那一次人民代表大会，还通过了中华人民共和国的第一部宪法，人民权益真正有了法律的保护。作为西沟金星农牧合作社副社长的申纪兰，提交给大会“男女同工同酬”的倡议也被写入宪法。

“人民代表大会让人民有了说话的权利”

如今，全国人大代表的人数从第一届的1 000多名增长为现在的近3 000名，现行宪法也历经五次修改，每一次修改都在全国人代会上经代表表决通过，申纪兰都一一见证。

“能当一届全国人大代表就了不得了，没想到自己能接连当十三届，这是党和人民给我的最高荣誉。”申纪兰向记者表达，“没有共和国的成立，就没有人民代表大会，没有人大也就没有人大代表的说话机会，就没有人民发言权利的保护，就代表不了人民的利益。”

“代表人民的利益”“国富民强”“来之不易”是申纪兰在交谈中多次强调的话语。“有了人民说话权，人民就勇敢，有了人民说话权，就要给人民办事。”她说：“人大代表就要代表人民的利益，要是代表自己，就不是人大代表了。人民代表大会的成长与人民生活的改善紧密相连，给人民带来了幸福、保障和发展。”

“在人代会上不是只代表西沟”

履职65个年头，时光在忙碌中悄然飞逝。时间也是客观的见证者，申纪兰在全国人代会上提交的关于山区交通建设、保护耕地、新型农村合作医疗、农村干部选举、贫困地区旅游开发、解决农村干旱地区饮水困难、发展农村教育等建议，得到相关部门的重视和积极回复。

“在人代会上不是只代表西沟，人大代表提建议要代表国家的利益、人民的利益，不能光代表一个人、一件事。”申纪兰告诉记者。

许多人都还记得申纪兰在全国人代会上多次谈到保护耕地时的那份坚持。2004年，第十届全国人民代表大会二次会议上，申纪兰围绕农村越来越多的土地纠纷问题，领衔提交了一件关于保护耕地的议案。她说：“建设新农村不能光占地，一味盖新房，太浪费。一句话，建设社会主义新农村，不能侵占耕地。”这件议案的内容，对于今天的新农村建设仍有借鉴意义。

与修路、交通相关的建议她也提过很多。“修通路，迈大步，带领大家去致富。路修好了,才能实现更好的发展。”谈到这点，申纪兰欣慰地笑了。“我提过修平顺的路、长治的路，提过修城市的路、农村的路，都实现了。”

“路越修越好,说明国家强大了。”申纪兰说，“现在修了高速路，开通了高铁，快多了。”

在2019年的全国人民代表大会上，她向大会提交了一件“关于加快推进聊（城）邯（郸）长（治）客专项目的建议”，这条建议也和修路有关。

申纪兰介绍，在2019年全国人代会召开前夕，河北省邯郸市和山东省聊城市两地的全国人大代表专程来到长治市，与她进行了对接和沟通，之后他们共同在十三届全国人大二次会议上提出这一建议。这一涉及三地的交通项目位于山东、河北、山西三省，全长约295公里，其中山西境内52公里、河北境内186公里、山东境内56公里。2016年6月29日，国家发展和改革委员会已正式将聊城—邯郸—长治客运专线列入《国家中长期铁路网规划》（2016—2030年）。为加快该项目实施，申纪兰等代表建议国家发展和改革委员会、中国铁路总公司启动该项目前期研究工作，将聊（城）邯（郸）长（治）客专项目列入“十四五”初期（2021年）开工建设项目。建议的落实将有利于推动三地的交通畅通与经济提升。

“像这个建议是邯郸市、聊城市的全国人大代表找到我一起提出的，还有其他省份的代表或百姓找到我，有的是提建议，有的是反映问题，我都会根据情况处理。”申纪兰说。

谈到代表建议办理，申纪兰由衷表示，“全国人大为推动建议办理开展的调研、座谈都不搞虚的，特别务实，找你了解情况也特别细，人民代表大会制度不断与时俱进，60多年来，人大制度越来越完善了。”

“太行精神光耀千秋，纪兰精神代代相传”

离开教育基地，申纪兰请记者到不远处她的家中去坐坐。在去她家的路上，写着“心中有党、心中有民、心中有责、心中有戒”字样的宣传牌醒目固定在一些民居的墙上，西沟村党总支书记郭雪岗告诉记者，在村中这样的宣传牌随处可见。

“申纪兰现在仍担任西沟村党总支副书记，她是我们的主心骨，我们都离不开她。”郭雪岗说，发挥党建引领作用，焕发活力的党支部成为西沟集体经济前行的发动机和方向盘。西沟村发挥党组织的带头作用，确立了四大产业发展方向：红色旅游开发、森林康养休闲、农副产品加工和服饰床品生产。2018

年西沟村集体可支配收入210万元，农民人均纯收入9 800元，是平顺县农民人均纯收入比较高的村。尽管在奔小康的路上仍会有困难，但西沟的发展会越来越好。

不一会儿就到了家门口，申纪兰的家是一座二层小楼，她热情地张罗记者进屋。记者抬头看到大门上方贴着“人民公仆”四个字，门里面是一个不大的院落，再往里走到里屋，推门进去的那一刻被眼前满满的两面照片墙深深震撼。

“这是参加一届全国人大一次会议；这是在北京参加完全国妇女建设社会主义积极分子代表会议后，我和六位女社长一起到周恩来总理家中，在西花厅做客；这是我作为新中国的妇女代表，参加在哥本哈根召开的第二届世界妇女大会；这是和蔡畅大姐在交谈……”申纪兰一一给记者介绍。从两面照片墙转到刚进门处，这边墙上还悬挂着两张照片，一张是她手举奥运火炬传递奥运圣火的照片，一张是她手拿文件大步流星在西沟村里走路的照片。申纪兰说，这两张照片一张拍摄于2008年奥运前夕，一张是20世纪90年代在西沟村拍摄的。

从20世纪50年代一直到现在，这些照片留下申纪兰人生中的宝贵瞬间，成为她最珍视最温暖的历史记忆。

在照片墙上的显著位置，有习近平总书记和她及乡亲们的合影。那是2009年，习近平到西沟探望申纪兰，在村头和乡亲们留下的这一张珍贵照片。习近平对当地发扬纪兰精神、绿化万亩荒山的拼搏精神、取得的显著成效给予充分肯定。基地门口的那句话“太行精神光耀千秋，纪兰精神代代相传”就是在此行中留下的。

“习近平总书记走到哪里都是深入基层，和群众心连心。总书记让我们与时俱进地发扬太行精神，加快全面建设小康社会进程。”申纪兰发自内心地感慨道，“我们牢记总书记的嘱托，当年李顺达和我带领西沟人肩挑、背扛种下的小树苗如今长成了大树，原来的石头山、乱石沟也变成了绿色‘氧吧’，还吸引来了各地游客。”

“西沟是植入太行精神基因的红色西沟”

是怎样一块土地，孕育了申纪兰这样顶天立地的时代杰出人物？当地人告诉记者，地处太行山南段的长治市是著名的革命老区，也是太行精神的孕育地。抗日战争时期八路军总部和中共中央北方局长期在长治驻扎，长治还是闻名中外的“上党战役”主战场，朱德、彭德怀、邓小平等老一辈无产阶级革命家曾在这里长期战斗和生活。长治人民浴血奋战，解放战争时期为国捐躯英烈达两万多人，为中华民族的解放作出了巨大牺牲和卓越贡献。太行军民用不怕牺牲、革命必胜的坚定信念，抛头颅、洒热血铸就了伟大的太行精神。申纪兰所在的平顺县则有“劳模之乡”的美誉，出了申纪兰、李顺达、郭玉恩等多个劳模，“劳动发家”“自力更生　艰苦奋斗”是平顺县的光荣传统。

“植入太行精神基因的红色西沟”，听到记者对西沟这样的表述，申纪兰笑着点头，“这样说合适。”

记者了解到，如今的西沟村，包括纪兰党性教育基地、李顺达故居、全国第一个互助组雕塑、金星峰等在内的一处处承载着红色记忆的景点，向游客讲述着这里的辉煌。下一步，西沟村还将对李顺达故居和当初建立第一个互助组的六户老贫农旧居进行恢复和修缮，结合乡村休闲、生态康养，整体规划西沟红色乡村旅游。

在西沟，说起申纪兰就不得不提李顺达。李顺达是比申纪兰还要出名的人。西沟村的名声远播正是从1943年李顺达成立的互助组开始的。这是全国第一个农业生产组织。在李顺达的带领下，申纪兰担任西沟“妇救会”会长和西沟初级农业生产合作社的副社长，李顺达担任社长。她和李顺达也因此被并称为“西沟双杰”。

申纪兰告诉记者，“太行精神就是党的精神，人民的精神。西沟就是这么过来的。李顺达是优秀的共产党员，带领西沟人民艰苦奋斗、劳动发家。西沟的吃粮问题、吃水问题、种树问题，都是在李顺达同志的带领下解决的，大树底下乘凉的是我，他是创业啊。”

“一个共产党员，活着干，死了算。我年龄大了，办不了大事办小事，想办法和大家共同奔小康。在奔小康路上，像李顺达他们这些老劳模都看不见了，奋斗了一辈子没能看到小康社会，我就是代表他们看看小康社会。”申纪兰这坚定无私的话让人听了不禁动容。

老人将一生全部献给党的事业，从未为自己考虑，而且正是在李顺达、申纪兰等老劳模的带领下，西沟村脱贫致富奔小康的路才越走越宽广。如今，仍健在的申纪兰也成为已逝去的那些老劳模的“眼睛”。申纪兰哽咽说，她现在任务还很重，还跟群众战斗在一起。望着还在热心介绍情况的申纪兰，记者一下红了眼眶，悄悄擦掉眼泪。

眼前的申纪兰仍豁达乐观。她拉着记者的手告诉记者，现在西沟人的生活条件改善了，村民的房子比她这个要好，李顺达的故居也就在旁边不远处。

“上了工，产品有销路，群众就不愁脱贫致富奔小康”

“习近平总书记提出，绿水青山就是金山银山。以前的西沟是山连山，沟套沟，山是石头山，沟是乱石沟，没土光石头，谁干谁发愁。现在西沟生态环境好了，红色乡村休闲旅游也发展起来了，山东、东北地区等地的人都到我们这边来旅游了。”申纪兰的话语中满是自豪。

但申纪兰所在的山西省平顺县仍是太行山区的一个国家级贫困县，山大沟深，村庄散落在大大小小的山沟里。作为大山儿女的申纪兰对贫困的感受也最深。

2019年是打赢脱贫攻坚战的关键之年。帮助平顺脱贫致富成为申纪兰心头的一份牵挂。申纪兰在调研走访之后，在同年3月召开的全国人民代表大会上提交了一份“关于支持平顺县创建中药材国家级现代农业产业园的建议”。

申纪兰介绍，平顺县域内地势高、光照时间长、小气候多样，是“中国大红袍花椒之乡”“潞党参正宗原产地”，是中药材生长的理想之地。目前，全县种植和野生培育的中药材面积达56.63万亩，中药材总收入达3.38亿元，农民人均药材收入3 700余元。她建议国家支持平顺创建中药材国家级现代农业产业园。她说，这将极大促进上党老区贫困群众稳定脱贫增收，促进当地中药材与文化旅游、生态康养产业深度融合。

大会结束后，申纪兰还积极联系电视公益扶贫节目，除了向节目组发出扶贫心愿委托，还参与节目制作，借助电视节目的明星宣传效应来提高平顺县潞党参的知名度，帮助进行市场对接、解决当地潞党参滞销的问题和村民面临的困境。

除了中药材，平顺还有宝贵的旅游资源。大山阻挡了平顺发展的步伐，但也保留了平顺绝美的风光、丰厚的宝藏和良好的生态。据了解，太行山大峡谷自然风光旅游带共有十多个大峡谷，平顺就有四处，数量最多、最集中、最壮观。当地人告诉记者，平顺虽然是一个山区小县，但这几年游客却越来越多，县里已将发展全域旅游纳入平顺新的脱贫战略。如今，藏在深闺的平顺“朋友圈”越来越广，越来越多的人干上了“旅游活”、端上了“金饭碗”，旅游产业正成为平顺群众脱贫增收的支柱产业。

早在2013年的全国人民代表大会上，申纪兰就向大会提交了一份“关于加大扶持贫困地区旅游开发与文物保护力度的建议”。她建议进一步加大对贫困地区的政策倾斜力度，为有意向在贫困地区投资创业的企业和个人提供更加优惠的政策。同时进一步加大对贫困地区的资金扶持和技术支持力度，并将古村落保护利用工作纳入法制化、规范化渠道，帮助贫困地区解决文物保护和旅游开发资金不足的问题。

“平顺种植党参的历史悠久，村民们将党参视为传家宝，也最关心销路和价格，一斤花椒能卖50块钱，一斤党参能卖20多块钱就不错了。上了工，产品有销路，群众就不愁脱贫致富奔小康。发展旅游更是让好看的风景能当饭吃，是变绿为金喽！”说起平顺的情况，申纪兰熟悉得很。她告诉记者，“我是劳模代表，代表的是基层，反映群众的问题、让群众过上好日子才是好党员、好代表。”

“要想红旗飘万代，重点是代代相传”

今年将迎来中华人民共和国成立七十周年，还将迎来全国人民代表大会成立六十五周年华诞。问到她最想说的心里话是什么？申纪兰站起来挺直了腰板，眼睛里放着光芒：“我感觉共和国很不容易，今天的中国发生了历史性的变化，共和国给人民带来了幸福，改善了人民生活。人人都享了共和国的福，沾了共和国的光，我们不能忘记共产党浴血奋战的历史，不能忘记共和国的苦难经历。我们要不忘初心，牢记使命，走好新时代的长征路。我们要爱党爱国爱人民，真正听党话跟党走，奔向小康，实现中国梦。这是全党全国各族人民的一个光荣任务，我们有信心有决心，请党放心，我们保证完成任务！”

这脱口而出的一段话，字字铿锵有力，正是申纪兰“不忘初心”的真实写照。经历过新旧两个时代，申纪兰对中国共产党有着掏心掏肺的深厚情感，这种情感又是最发自真心的。对共产党的感情已经融入她的心，融入她的血液。她用一生，见证了对党和国家的执着和坚定，爱党爱国已成为申纪兰心中的信仰。

申纪兰向记者强调，“要想红旗飘万代，重点是代代相传。我们要高举党的伟大旗帜，不忘初心，铭记历史，永远奋斗，建设好中国特色的社会主义国家，这就是我们的方向。”

近90岁高龄的申纪兰，见证和亲历了新中国和全国人民代表大会的成立与发展历程。在这次西沟实地采访中，她向《中国人大》记者吐露履职65年来的代表心声——红色，是申纪兰带领西沟脱贫致富奔小康、几十年发展中从未改变的底色，更是连任十三届全国人民代表大会代表的申纪兰在履职尽责的传承接力中的执着坚守。

信念让平凡人生变得不平凡

沈泽江

《众说纪兰》一栏收录了6篇描写申纪兰的文章，为读者展示了一个鲜活而立体的纪兰。申纪兰身上有太多的闪光点，品读申纪兰犹如品一壶茶，初时苦涩，涩后又回甘生津，清香久久不散。她的领导、同事、家人甚至记者，都对申纪兰有不同的解读。

申纪兰的传奇人生应该从她争取“男女同工同酬”开始，1953年1月，《人民日报》以《劳动就是解放，斗争才有地位》为题报道了申纪兰在西沟村为妇女争取权益的事迹。在当时的社会背景下，男女同工同酬无异于天方夜谭，申纪兰心有信念，无惧无畏，想方设法调动妇女的劳动积极性，瞄准那些在家被丈夫看不起的妇女，逐个击破。为了让村里胆子最小的李二妞参加劳动，申纪兰晓之以理，动之以情，几经周折，终于成功让李二妞参与了劳动。为了提高她的积极性，申纪兰还让出了本该属于自己的模范称号。

“冻不死申纪兰，就冻不死我吕日周”，山西长治市委原书记吕日周在《长治长治》一书中是这样描写申纪兰和西沟村的：70多岁的老人冬天从来不生炉子，不烧热炕，在冷屋过冬。作为西沟的“名人”，她的家里唯一可以称得上财产的东西就是墙上的一幅幅与中央领导的合影照片……正是在西沟的一夜，和申纪兰交谈，才让吕日周做出了“带领全市干部重新回到群众中去”的决定。

申纪兰的儿子张江平这样回忆母亲：“1996年9月，父亲因病去世。这时，恰巧晋南某县的一个参观团在县委书记和县长的带领下，慕名来西沟学习，母亲虽丧事在身，但面对远道而来的客人，她没有推辞。母亲心里有的是党的事业，关心别人胜过关心自己。”这是申纪兰留给儿女的最宝贵的精神财富：坚守信念，对党忠诚胜于对自己。

听党的话，为农民说话，是申纪兰一直坚守的底线。1982年1月，中央下发1号文件，肯定包产（干）到户“都是社会主义集体经济的生产责任制。不论采取什么形式，只要群众不要求改变，就不要变动”。当时，申纪兰有些拐不过来弯：旧社会的西沟是一个逃荒人聚集的地方，新中国的西沟村山也绿了、果也红了，老百姓吃饱了、穿暖了，为什么还要包产到户呢？虽然她对政策一时想不通，不理解，难接受，但是，她坚信党号召农村改革，那就一定是全国农村的发展需要改革，自己不能理解，是自己水平觉悟低。要拥护党的政策，不能耽误生产，不能耽误劳动。从战乱年代走过来的申纪兰，发自内心地认为党做事不容易，党做的事都是对的！

申纪兰有多次升官进城的机会，但她都没能割舍对西沟村那片土地的眷恋。1973年，组织上找申纪兰谈话，让她担任省妇联主任。在任的10年时间里，申纪兰总是把工作安排好之后，又坐班车回西沟参加劳动。劳动模范这个称号在给她带来莫大荣誉感的同时，也无时无刻不在鞭策着她：要是不继续参加劳动，就配不上劳模这个称号！

一个普通的农村妇女，有如此丰富的人生经历，又能给社会留下如此多的美誉，她靠的不是机会，也不是巧合，而是几十年来一直坚守的人生一种信念，这种信念表现为几个方面。

一是人民选我当代表，我为人民做代言。申纪兰曾经说过，在党和国家给的这么多荣誉中，她最看重的是人大代表。并不是因为这个荣誉有多高，也不是这个荣誉能得到多少好处，而是因为在申纪兰的心中，人大代表有了让她替农民说话的机会和为农民代言的“权利”。20世纪50年代，从“三台”（锅台、灶台、碾台）走向田间，申纪兰带领西沟妇女在封闭贫瘠的小山沟争取“男女同工同酬”，成为举起“男女同工同酬”大旗的第一人，申纪兰因此名扬全国，并当选为第一届全国人民代表大会代表，这一当就是60多年，成为我国唯一一位连续十三届出席人民代表大会的代表。可以说，申纪兰不仅是我国人民代表大会制度的见证者，也是“人民当家作主”的实践者。因此，她被外国人称为中国最资深的“国会议员”，是共和国当之无愧全国人民代表大会制度的“常青树”与“活化石”。

“人民代表大会让人民有了说话的权利。当人大代表，就要代表人民的利益，代表人民说话，代表人民办事”，申纪兰是这样说的，也是这样做的。每次来北京参会，申纪兰都很激动，不论全团会议还是小组讨论，她都坐得笔直、听得认真，轮到自己发言，声音立马比其他代表高了八度，用浓重的山西口音将建议畅快表达。从西沟到北京，从驴车到高铁，从青春活力到皱纹爬满额头，时代在变，但是申纪兰的信念一直没有改变。六十多年来，申纪兰提出过很多议案，为群众利益多次呼吁。虽然年纪越来越大，但她仍然每年抽出大量时间走访群众，收集群众意见，提出反映农民心声的议案：山区交通建设、耕地保护、新型农村合作医疗、农村教育等议案、建议……不断得到采纳和落实。

“把群众的声音带到中央去，把党的声音带回来”，申纪兰用实际行动诠释了“农民代言人”的职责。

二是国家给予我荣誉，我切记劳动光荣。申纪兰获得六次全国劳动模范的荣誉，可以称之为“劳模专业户”。对于申纪兰来说，不管取得多高的荣誉，走过多远的路，她的心永远在西沟、在百姓。她常说：“不是西沟离不开我，是我离不开西沟。”当了一辈子人大代表，但却坚持“不转户口、不定级别、不领工资、不要住房、不调工作、不脱离群众、不离开劳动”。“不劳动，还算什么劳模”是申纪兰的人生格言。作为一名闻名全国的老劳模，她始终生活在人民群众之中，与群众同甘共苦。为了西沟的发展，她带领西沟人艰苦奋斗，开拓进取。她享受丰收的喜悦，享受劳动的快乐，也享受幸福的生活。她始终坚持下地劳作、春种秋收，将自己定格于农民。走进现在的西沟，山连山，原来的荒山秃岭，如今已满目青翠；沟套沟，过去的乱石野草，现在已梯田层层；路绕路，往日的羊肠小道，眼下已进出自如。

如今90岁高龄的申纪兰，依然没有放下劳动，“党需要我，我就一直干下去”，这份承诺，申纪兰牢记心中。半个多世纪以来，她传统不丢、劳动不辍，带领西沟人民与时俱进、开拓进取、艰苦奋斗，谱写了一曲太行精神的英雄赞歌，诠释了基层干部回归基层的真正含义。她是劳动者最集中的缩影，也是农民利益的突出代表。

三是群众给了我机会，我为群众当公仆。“为人民服务，有一百个理由；为自己盘算，没有任何借口”，她的言语质朴无华，于无声处听惊雷。申纪兰半个多世纪的阅历，心系群众，与群众同甘共苦是她最显著的特点，最亮丽的品质，也是历经耐磨的万众口碑。她常说：不论学问多大，地位多高，都不能脱离人民群众。从最开始倡导男女同工同酬，到带领西沟脱贫摘帽；从改革开放的实践者，到带领西沟群众致富；从大力发展产业，到向生态要效益；从建立红色基地，到西沟的多元化发展；从“扫盲班”的文化水平，到坚持学习领悟党的新文件、新精神……没有多少文化的申纪兰，走的每一步，都是为了西沟的发展，为了农民过上更好的生活，为了国家的繁荣富强。荣誉再多的申纪兰始终坚持不脱离群众，不改变农民的身份。虽然时代在变，申纪兰与群众同呼吸、共命运的百姓情怀从未改变。

四是共产党培养了我，我对党无限忠诚。古人云，“天下至德，莫大乎忠”。对于申纪兰来说，“忠诚”二字，正是她的人生底色，也是她一生的坚守。“要听党的话，要跟党走”，也是申纪兰的人生格言。虽然经历过苦难，也面对过质疑，但是申纪兰对国家，对党那种深厚情感已经融入她的心，融入她的血液。她对共产党感恩不尽。她常说：“共产党领导这么大一个国家发展到现在这个样子不容易。我是个没多少文化的人，劳动给了我巨大的荣誉，党培养了我，李顺达带着我，西沟百姓支持我，我走到了今天。共产党把一个十四亿人口的国家带向富强，多难呀！不论是作为一名党员，还是一个普普通通的农民，我坚信，只有相信共产党，拥护共产党，中国才能走向繁荣富强！”简单、直接、朴素的话语，让她决定了今后一生的忠诚与追随。就申纪兰而言，她对国家，做到了无限忠诚；对党，她做到了一生追随；对人民，她做到了无私奉献；对工作，她做到了尽职尽责；对家人，她做到了任劳任怨……在别人眼里，申纪兰是一位名人，而在家人的心中，她只是一个典型的农村妇女，一个地地道道的普通农民，一个妻子、儿媳、母亲。申纪兰没有给家人多少财富，更从来没有利用自己的关系，为家人谋取利益，但是她用自己的人格魅力，一直在影响和教育着家人，也终将会让他们受益终生。“在自己的范围里发光”，无论对谁，申纪兰都做到了。

我与申纪兰大姐相识20年，每一次来到西沟，都能给我犹如精神的朝圣和洗礼，而每一次走近申纪兰与她交流，都是令人震撼的仰视和敬畏。“太行精神光耀千秋，纪兰精神代代相传”，习近平总书记在西沟考察时，对西沟和申纪兰给予了这样的评价。人生不能复制，精神却能共鸣。对于申纪兰来说，可能最好的致敬方式，就是将她的精神一代代传承发扬下去，让青少年从中源源不断地汲取精神食粮，让我们村庄的带头人乃至全国8 000多万共产党人从中获得恪尽职守、爱岗敬业、无私奉献的强大精神动力！

后记

由于工作原因，笔者长年与农村打交道，走访过很多村庄，也结识了很多农村基层干部，每每与申纪兰大姐接触，总会深深被她无欲无求、无私无畏的境界所折服。笔者与申大姐相识这么多年来，一直想为她做点事，《人民代表申纪兰》能够成功出版，让笔者很是欣慰。

申大姐是我国农村历史上独一无二的存在，如果用一个词来形容她，那就是纯粹。她的一生是纯粹的一生，不染尘埃，她忠诚执着，朴实又无私，一片冰心在玉壶；她的一生是奉献的一生，为了心底的信仰而奋斗，付出不求回报，不计个人得失。这样纯粹的精神，是所有在基层岗位工作的人应该追求的目标和境界，是所有以“为人民服务”为宗旨的人应该坚持的准则。申大姐此人何其难得，又何其可贵！谨以此书向申纪兰大姐高尚的情操致以诚挚的敬意，愿申纪兰精神如高山岩石之松，屹立常青。

最后，中国农村博物馆以及江苏华西村，山西大寨村、皇城村、振兴村、龙门村，浙江花园村、航民村，北京果园村、郑各庄村，江西进顺村，上海九星村、杨王村等30个村庄为本书的编写给予了大力支持，山西省平顺县西沟村为此书提供了珍贵的史料，在此一并表示感谢！